매력

마 음 을 훔 치 는 기 술

매력

김모란 지음

RHK
알에이치코리아

● 프롤로그 ●

나를 빛나게 하는 힘

　얼마 전까지 내가 일했던 곳은 지상 1만 미터 위의 공간이었습니다. 수십 명에서 수백 명의 손님과 함께 한정된 공간에서 짧게는 1시간, 길게는 12시간이 넘게 머물렀지요. 입사 초기만 해도 나는 내가 하는 일이 어떤 일인지, 어떤 의미가 있는지 몰랐습니다. 그런 상태에서 손님들의 안위를 살피고 식사를 거드는 일이 마냥 힘들기만 했지요.

　만일 그곳에서 매력의 힘을 깨닫고 깨우치지 못했다면 지금의 자리까지 오지도 못했을 겁니다. 다행히 아주 늦지 않은 시간에 나는 내가 있어야 할 곳이 어딘지 깨달았습니다. 그제야 비로소 내가 처한 환경과 주변의 사람이 보이기 시작했습니다. 같은 일을 하면서도 유독 빛이 나는 사람들이 눈에 들어왔고 그 빛을 내 것으로 만들기 위해 노력했습니다.

지난 16년간 내가 비행한 시간은 1만 5천 시간이었고, 그동안 748만 8천 마일을 날았습니다. 그 거리는 지구를 300바퀴 도는 것과 같지요. 한 번도 내가 일한 시간과 비행한 거리를 재보지 못했는데 이렇게 책을 내게 되어 처음으로 계산해 보았습니다. 적지 않은 시간을 달려왔다는 것에, 그리고 별 탈 없이 내 일을 마쳤다는 것에 새삼 감사합니다.

그 짧지 않았던 시간, 비행기 객실이라는 한정된 공간을 답답한 공간이 아니라 넉넉한 공간으로 바꾸고, 비행이라는 초조함을 안락함으로 변화시킨 것은 모두 사람의 힘이었습니다. 승무원의 미소, 살뜰한 한마디 말이 밀폐된 공간을 완전히 바꾸는 것이지요. 그 마력, 즉 매력은 서비스업에 종사하는 사람에게는 없어서는 안 될 필수요소로 느껴졌습니다. '매력적인 사람'이 되기 위한 노력은 내겐 생존과 직결된 문제였습니다. 나란 사람이 지극히 평범한 인간이었기에 더욱 절실했습니다.

거의 대다수의 사람들이 경쟁 속에서 살아갑니다. 더 나은 스펙을 쌓기 위해 숨 돌릴 틈도 없이 공부하고 또 도전하며 살지요. 나 또한 스펙을 쌓기 위해 노력했습니다. 전문대 졸업생에서 4년제 대학교 졸업생으로, 그리고 석사, 박사 과정까지 밟았습니다. 직장생활도 충실하고자 노력했습니다. 그 덕에 우리나라의 대표 항공사에서 남들보다 빠른 승진으로 사무장의 자리에 올랐고, 국빈이나 대기업 회장들과 같은 VVIP 승객만 이용하는 전용기의 최연소 사무장을 맡았습니다. 10여 년간 신입 승무원의 입사교육을 담당했으며, 현장 승무원으로서는 유일하게 항공사 서비스 매뉴얼을 개정하고 서비스 품질 평가 제도를 수립하는 업무를 맡기도 했습니다. 그리고 현직 항공사 승무원 최초로 서비스 마케팅 박사학위를 취득하고 그토록 염원했던 항공서비스과 교수가 되었습니다.

이러한 이력을 두고 사람들은 저를 능력이 뛰어난 사람이라고 할지 모르겠지만, 실상 전혀 그렇지 않습니다. 나는 지극히 평범한 사람이었습니다. 다만, 그런 내 자신을 그대로 두고 볼 수는 없었습니다. 그저 평범한 인생을 살아가고 싶지는 않았습니다. 때문에 더욱 나만의 매력을 찾기 위해 노력했고, 매력적인 사람이 되기 위한 그 수많은 노력들이 지금의 나를 만들었습니다. 목표는 높게 잡되 남에게, 그리고 나에게 겸허해지려 노력했습니다. 무엇보다 그런 내 자신이 게을러지지 않도록 몸과 마음을 다잡았습니다.

매력은 처세나 생존의 기술이 아닙니다. 한 사람의 일생이 어떤 과정을 거쳐 어떤 꽃으로 피어날 수 있는지 보여주는 이정표입니다. 매력을 찾는 것이 곧 자신을 찾는 것입니다. 자신이 어떤 사람인지 알아야 자신이 있을 곳을 찾을 수 있고, 또한 인생을 꽃피울 수 있겠지요. 결국 결과보다 과정이 더 중요한 것이 '매력 찾기'입니다.

● 차례 ●

프롤로그 _ 나를 빛나게 하는 힘 • 04

1 發見

매력의 발견

1. 매력은 이정표가 된다 • 12
선택의 기로에 서다＼음악을 잃다＼필수불가결한 선택

2. 매력은 등대가 된다 • 27
'로즈'의 유혹＼낙방으로 시작된 내 꿈의 기록＼면접에서 발견한 매력

3. 매력은 무기가 된다 • 40
승무원이 되다＼하버드에서 찾은 새로운 길＼'하루'의 감사함

〈김모란의 DREAM NOTE〉 NO.1 "꿈의 씨앗을 심어라" • 54

2 香氣

매력의 향기

4. 매력의 빛 • 62
스스로에게 마법을 걸다＼코끼리에게 되묻다＼꿈을 찾는 남자＼
별은 스스로 빛난다

5. 매력의 결정 • 81
진심의 배꼽 인사＼노력을 이기는 힘＼수호천사를 찾아라＼
매력의 결정체 '땀'

6. 매력의 향기 • 99
화장솜 한 박스＼버릇의 기억＼자체발광 그녀＼멀티플라이어가 되라＼
굼벵이도 숨은 매력이 있다＼보고 또 보고 싶은 의사 선생님

〈김모란의 DREAM NOTE〉 NO.2 "꿈의 잎을 틔워라" • 120

매력의 발산 — 發散

7. 매력은 긍정이다 • 126
우선 나를 사랑하자＼긍정은 '오늘'에서 나온다＼매력적인 얼굴은 따로 있다

8. 매력은 공감이다 • 139
미소는 전염된다＼감성의 공감은 힘이 세다＼상처에는 매뉴얼이 없다＼
관심이 약손이다＼역할의 한계란 없다＼상황이 아닌 마음의 최선을 따르라

9. 매력은 배려다 • 169
흰죽 한 그릇＼샌드위치 한 개＼황제의 비빔밥, 진심의 차 한 잔

10. 매력은 다가섬이다 • 179
눈을 마주보는 것에서 시작하라＼한 발 먼저 다가서라＼
인사가 만사다＼경청도 자세에 따라 다르다＼
때론 배우가 되어야 한다＼인내심이 강한 사람이 매력적이다

〈김모란의 DREAM NOTE〉 NO.3 "꿈의 줄기를 올려라" • 200

매력의 확산 — 擴散

11. 먼저, 표현하라 • 206
상대방이 듣고 싶은 말을 찾아라＼예상하지 말고, 확인하라＼
'덕분에'를 입에 달고 살아라＼심부름이 아닌 서비스를 하라＼
웃음은 전염성이 강하다

12. 제때, 응답하라 • 224
맞장구를 쳐라＼자리에 걸맞은 책임을 져라＼주눅 들면 끝이다＼
응수도 타이밍이다

13. 널리, 전파하라 • 245
좋은 이야기는 소문내라＼의연함은 칭찬을 불러온다＼
진정한 위로는 전이 된다＼가장 따뜻한 온도는 36.5℃＼매력이 영그는 시간

〈김모란의 DREAM NOTE〉 NO.4 "꿈을 꽃 피워라" • 266

에필로그 _ 삶을 채우는 것은 • 268

CHARMING POWER

1

매력의 발견

"모란이가 승무원이 됐다고! 아니, 그건 예쁜 사람들만 되는 거 아니야?"
그만큼 나의 외모는 평범했다. 오히려 어렸을 적 내 별명은 '못난이'였다.
심지어 태어나자마자 내 얼굴이 너무 못생겨서 부모님은 '딸이니 이름이라도
예쁘게 지어야겠다.'라는 마음으로 '모란꽃' 이름을 따서 '모란'이라고 지었다 한다.
그 일련의 이야기를 가장 잘 알고 있는 내가 최고의 미모 집단이라고 하는
승무원 집단에 들어왔으니, 주눅이 들 수밖에 없었다.

發見 매력은 이정표가 된다

: 선택의 기로에 서다

처음부터 나의 꿈이 스튜어디스는 아니었다. 어려워진 집안 환경 때문에 직업이 절실히 필요했고, 가정에 보탬이 되는 사람이 되고 싶어 한 선택이었다. 하지만 그저 돈을 벌기 위해 시작한 승무원 생활은 불행의 연속이었다. 내가 진정 하고 싶어서 자청했던 일이 아니었기에 불행했고, 동료들과도 융화되지 못했다. 잘난 사람들 속에서 나는 늘 미운 오리 새끼 같았다. 그건 자격지심이 있었기 때문이었다.

나는 어렸을 때부터 예쁘다는 말을 들어보지 못했다. 오죽하면 어렸을 적 같은 동네 살던 한 아주머니께서 내가 항공사 승무원이 됐다는 말을 전해 듣고는 놀라서 이렇게 얘기했다고 한다.

"모란이가 승무원이 됐다고! 아니, 그건 예쁜 사람들만 되는 거 아니야?"

그만큼 나의 외모는 평범했다. 오히려 어렸을 적 내 별명은 '못난이'였다. 심지어 부모님은 갓 태어난 내 얼굴이 너무 못생겨서 '딸이니 이름이라도 예쁘게 지어야겠다.'라는 마음으로 '모란꽃' 이름을 따서 '모란'이라고 지었다 한다. 예쁘다는 말보다 못생겼다는 말을 더 많이 듣고 자란 내가 최고의 미모 집단이라 불리는 승무원 집단에 들어왔으니, 주눅이 들 수밖에 없었다. 여자는 꾸미기 나름이라지만 그럴 수도 없었다. 집안 사정이 좋지 않아 다른 친구들처럼 예쁜 옷을 사 입거나 외모에 돈을 투자할 수 없었기 때문이다.

방송통신대학교에서 경영학을 전공한 후에도 상황은 별로 달라지지 않았다. 시간이 지나면서 직장생활에도 잘 적응해 나갔고 어엿한

한 명의 승무원으로 차츰 인정을 받았지만, 속으로는 여전히 승무원 생활이 나와 맞지 않는다는 생각을 하고 있었다. 다른 직업을 갖기 위해 다양한 시도를 멈추지 않았던 이유가 바로 그 때문이었다.

S방송국에서 아나운서를 뽑는다는 공고가 나자마자 나는 바로 원서를 제출했다. 가끔 내 자신에게 왜 아나운서였냐고 물을 때가 있었다. 아나운서가 가지고 있는 지적인 이미지를 동경했기 때문일까? 아니면 대중에게 나를 더 알리고 싶은 심리가 있었던 걸까? 정확한 답은 할 수 없지만 이 질문들에 대한 답은 모두 '아니다'였다. 그저 관두고 싶은 마음이 최고조에 달했을 때 공고문을 봤기 때문이라는 게 가장 근접한 답일 것이다. 수년 전 그저 돈을 벌기 위해 아무 생각 없이 스튜어디스 채용 시험을 봤듯이, 그렇게 충동적으로 원서를 제출했다.

그런데 며칠 후, 그 어렵다는 서류 심사를 통과했다는 연락이 왔다. 그토록 하고 싶었던 음악은 할 수 없었던 반면 내 사회적 운은 지독하게 좋은 편이었다. 서류가 통과되었다는 말에 욕심이 생겨났다. 며칠 밤을 새워서 뉴스 대본 연습과 발음 연습을 하고 논술고사를 준비했다. 그저 즐기자는 마음으로 임했다. 그래서일까. 카메라 테스트, 뉴스 리딩 테스트, 논술고사까지 모두 합격을 했다.

'어? 이상한데!'

기분이 좋지 않았다면 거짓말일 것이다. 당연히 기분이 좋았다. 하지만 솔직히 이해가 가질 않았다. 최종 심사까지 간 다른 경쟁자들은 대부분 케이블 방송국이나 지방 방송국에서 현직 아나운서를 하고 있는 사람이든가, 방송 관련 학교나 아카데미에서 이미 전문적인 교육을 받고 많은 경험을 가지고 있는 사람들이었다. 그 자리에 있는 것이 전혀 이상하지 않은 쟁쟁한 실력자들이었다. 그런 사람들을 제치고 내가 그 자리까지 올라갔다는 사실이 믿기지 않았던 것이다. 물론 모든 시험에 진심을 다해 임했고 가진 것은 모두 쏟아냈다. 그렇지만 노력만 가지고는 뜻한 것을 이룰 수 없다는 것쯤은 아는 나이였다. 내가 모르는 뭔가가 힘을 발휘하고 있음이 분명했다.

드디어 마지막 면접날!

면접실로 들어서자 그동안 면접 때 보았던 낯익은 분들이 그날도 심사위원석에 앉아있었다.

"자, 그동안 고생 많이 하셨습니다. 마지막으로 본인이 하고 싶은 말씀을 해보세요. 본인이 준비한 장기를 보여주셔도 좋습니다."라는 면접관의 말이 떨어졌다.

그 순간, 갑자기 정신이 번쩍 들며 한 가지 생각이 머리를 스쳤다.

'아! 내가 내일 당장 승무원을 그만 둘 수도 있겠구나! 그럼 이제 나는 더 이상 승무원 일을 못하게 되는 거구나!'

갑자기 눈앞이 아찔해지며 가슴이 덜컹 내려앉았다.

'승무원을 그만둔다!'

그런 생각이 들자 갑자기 내가 세상에서 둘도 없는 바보같이 느껴졌다. 뭔가 억울하면서 아쉬운 기분이 밀려들었다. 나는 왜 그동안 승무원 생활을 즐기지 못했을까? 보통 사람들은 수백만 원씩 비용을 지불하며 여행을 가는데, 나는 매일 공짜로 전 세계 곳곳을 휘젓고 돌아다니면서도 감사할 줄 몰랐다. 어디 그뿐인가. 항상 나 아닌 타인의 잘못된 점만 보면서 팀원들과 융화되지 못했던 것이 결국 나의 이기심이었다는 걸 인정하지 않았다. 단 한 번도 최선을 다해 직업에 몰두하지 못했다는 자괴감까지 한꺼번에 밀려들었다.

무엇보다 내가 최종심에 오를 수 있던 것은 결국 승무원 생활로 얻은 경험의 결과라는 생각이 들었다. 내 마음이 승무원이라는 정체성을 완전히 인정하지 않는다고 하더라도, 나의 몸은 이미 스튜어디스 그 자체였던 것이다. 그것이 결국 여러 가지 상대적 결격 사유가 있음에도 불구하고 이 자리까지 오게 한 힘이라는 생각이 들었다.

내 차례가 돌아왔다. 나는 심호흡을 한 번 크게 내뱉고 나서 천천히 입을 열었다.

"면접관님들, 그동안 능력도 부족한 제가 여기까지 올 수 있도록 기회를 주셔서 정말 감사합니다. 아나운서 시험은 제게 너무나 큰 경험이었고, 제 인생에 있어 좋은 추억이 될 것 같습니다. 이렇게 몇 차례 면접관님을 뵌 것도 인연인데, 제가 꼭 기억해두었다가 앞으로 비행기에서 뵈면 잘 모시도록 하겠습니다. 그동안 감사했습니다."

물론 나는 최종 테스트에서 탈락했지만, 그날 이후 분명한 나의 직업을 얻었다.

그 일을 계기로 나는 완전히 달라졌다. 내가 달라지니 내 주변의 모든 것이 달라 보였다. 무엇보다 내 직업이 너무 소중하게 느껴졌다. 직업에 대한 생각과 태도를 바꾸니 직업에 대한 자부심이 생겨나기 시작했다. 자부심이 생기니 일도 재미있어지고, 열정이 샘솟았다. 이 분야에서 최고로 인정받고 싶다는 욕심이 생겼다. 그렇게 열정적으로 일을 하다 보니 내 평가가 달라졌고, 회사에서는 비행 이외의 중요한 업무를 나에게 넘기기 시작했다.

요즘은 우리 때와는 달리 취직 자체가 너무나 어렵다는 걸 알기에 젊은 친구들에게 이런 말을 하는 것이 미안하기도 하다. 하지만 오히려 그렇기 때문에 아주 신중하게 직업을 선택해야 한다. 내 평생의 일을 결정함에 있어서 일생의 반려자를 선택하는 것만큼이나 차분하고 철저해야 한다. '내가 평생 이 일을 재미있게 할 수 있을까?', '내가 이 일을 하면서 보람을 느끼며 즐길 수 있을까?'를 반드시 되묻고 확인해야 한다. 나처럼 4년이란 시간이 훌쩍 지난 뒤에야 승무원이 나의 천직임을 알아보는 미련한 짓은 하지 말길 바란다. 시간이란 무심코 흐르는 것처럼 보이지만 결코 그렇지 않다. 같은 시간이라도 얼마나 밀도 높게 살아가느냐에 따라 타인보다 몇 배 길어질 수 있다. 그런 면에서 보면 그 4년여의 시간을 나는 그냥 흘려보내고 말았던 것이다.

: 음악을 잃다

어린 시절 나에게는 음악이 전부였다. 자아가 생길 무렵부터 내 손에는 늘 악기가 쥐어져 있었고 집안 환경은 지극히 안락했다. 음악에 소질이 있다는 평가를 들을 때마다 부모님은 적극적으로 후원해 주셨다. 행복은 늘 내 곁에 있다고 믿어 의심치 않았다. 내가 나가야 할 방향이 분명히 보였기에 혼돈이란 있을 수 없었다.

그렇게 부족함 없는 시간을 보내며 고등학교 3학년이 되었다. 고등학교 3학년이라고 해서 크게 달라진 것도 없었다. 연주 실력은 계속 늘었고 학업 성적도 원하는 대학에 진학하기에 부족하지 않았다. 모든 것이 예정대로 흘러가고 있었다.

그날도 방과 후 첼로 개인 레슨을 마치고 집으로 향했다. 그런데 집에 도착하니 엄마의 표정이 평소와는 좀 다르게 어두워보였다.

"모란아, 엄마랑 얘기 좀 하자."

'어? 무슨 일이지? 잘못한 것도 없는데······.'

언제나 하고 싶은 일에 대해서는 적극적으로 지원해 주는 것과 별개로 가정교육에 있어서는 다소 엄했던 엄마였기에, 엄마가 굳은 표정으로 말하자 나도 덩달아 긴장이 되었다. 엄마는 안방에 들어가 조용히 앉더니 나에게 통장을 내밀었다. 통장을 펼쳐보니 잔금이 채 50만 원도 되지 않았다. 하지만 나는 그 숫자가 주는 의미를 잘 몰랐다. 다만 통장과 엄마의 얼굴을 번갈아 보며 어린 머리로 상황을 더

듬을 뿐이었다.

"이게 우리집 전 재산이야. 너도 알다시피 아빠 사업이 요즘 안 좋아. 이제 이걸로 우리 네 식구가 먹고 살아야 해. 언제까지가 될지는 엄마도 모르겠다."

그제야 비로소 머릿속에서 '쿵' 하는 소리가 들렸다.

'그럼, 내 첼로 레슨은? 첼로 레슨비만 해도 한 달에 100만 원 가까이 들잖아. 나 지금 더 좋은 악기로 바꿔야 하는데……. 그것만 해도 수천만 원인데…… 혹, 첼로를 영원히 못 켤 수도 있다는 말인가?'

짧은 순간, 누구에게 묻는 건지도 모를 수많은 의문이 스쳐 지나갔다. 눈앞이 깜깜했다. 다행인 것은 그 많은 질문이 입 밖으로 나오지는 않았다는 것이다. 만약 그때 내 생각을 그대로 내뱉었다면 엄마의 마음이 얼마나 아팠을까.

"모란아, 이제 첼로 레슨은 더 못할 것 같다. 어쩌면 좋으니…… 엄마 생각 같아서는 너를 부잣집에 입양이라도 보내고 싶은 심정이야. 우리 딸 음악만 계속 시켜줄 수 있다면……."

엄마는 끝내 흐느끼기 시작했다. 나에겐 너무나 낯선 풍경이었다. 난 엄마를 단 한 번도 약한 사람이라고 생각해 본 적이 없었다. 자식들 앞에서 항상 엄하고 잘못을 했을 때엔 주저 없이 매를 들었던 엄마였다. 그런 엄마가 내 앞에서 눈물을 흘리다니…….

수많은 생각들이 머리를 어지럽혔지만 확실한 건 단 한 가지였다. 이제 집에는 돈이 없으며 내 삶이 크게 변하게 될 거라는 사실이었다.

"엄마, 난 괜찮아. 나중에 아빠가 다시 돈 많이 벌면 그때 다시 하면 되지. 나 정말 괜찮아."

일단 엄마를 안심시키고 방으로 돌아왔지만 그 나이가 될 때까지 그만한 일을 겪어 본 적이 없었던지라 쉽게 잠들 수 없었다. 다른 무엇보다 내 삶이 어떻게 변하게 될지 가늠할 수가 없었다. 눈을 감자 첼로가 선명하게 내 앞에 나타났고, 내 손가락들이 저절로 연주를 시작했다. 그 연주는 어떤 소리도 내지 않아 더 쓸쓸했다.

: 필수불가결한 선택

첼로와의 첫 인연은 중학교 때 관현악부 친구를 따라 특별활동을 시작하면서 맺게 되었다. 나는 다섯 살 때부터 피아노를 배우긴 했지만 피아노 이외의 다른 악기에 대해서는 아는 게 별로 없었다. 사실 피아노를 배운 것도 친구 집에 놀러갔다가 친구의 피아노 연주를 본 것이 계기가 되었다. 집에 돌아와 거실 한구석에 먼지가 쌓인 채 놓여 있던 피아노를 열고 친구의 흉내를 내며 피아노를 치는 모습을 엄마가 본 것이다. 엄마는 나에게 음악적 재능이 있다는 걸 알아보았고, 나의 피아노 레슨은 시작되었다.

첼로의 소리를 가까이에서 직접 들은 것도 그날, 친구의 연주가 처음이었다. 4개의 현에서 흘러나오는 첼로의 중저음은 정말 매력적이었다. 다소 무거우면서도 부드럽고 차분한 음색은 나를 첼로에 홀딱 반하게 만들었다. 문제는 친구의 첼로 연주 솜씨였다. 듣기가 괴로울 만큼 내 친구의 첼로 켜는 실력은 실망스러웠다.

"너, 그 음 틀렸어!"

나는 다소 신경질적으로 친구에게 핀잔을 주었다. 그 목소리가 컸는지 다소 심드렁한 얼굴로 아이들을 쳐다보고 있던 특별활동 담당 선생님이 다가와 내게 말했다.

"그럼 너는 틀리지 않고 켤 수 있겠어?"

선생님은 일반 학교 선생님이 아니라 인천시립교향악단에 소속된 분이셨다. 그런 분 앞에서 주눅이 들었을 수도 있었을 텐데, 나는 너무 당당하게 친구의 첼로를 품에 안고 자세를 잡았다. 그리고 친구가 켰던 음을 하나하나 기억해 가며 첼로를 켰다. 그런 내 모습을 본 선생님은 흥분을 감추지 못하는 모습이었다. 그 이후로 몇 차례, 선생님께서는 나를 따로 불러 첼로를 가르쳐 주셨다.

그러던 어느 날, 선생님이 엄마를 만나기 위해 집에 찾아왔다. 내가 첼로에 소질이 있으며, 첼로로 인생을 일구어 나가야 한다고 엄마를 설득하기 위함이었다. 어렸을 때 이미 피아노에 소질이 있다는 걸 알아보았던 엄마는 선생님의 말에 공감했고, 나의 첼로 레슨이 시작되었다. 첼로 레슨비가 만만치 않았지만 당시 대기업 간부로 재직 중이던 아버지 덕분에 별 어려움 없이 첼로를 시작할 수 있었다. 나는 얼마 지나지 않아 첼로에 푹 빠져들었다.

그렇게 열정적으로 시작했고 빠져들었던 첼로, 막상 첼로를 잃고 나니 솔직히 무엇을 해야 할지 알 수 없었다. 반면 대학 입시생이라는 상황은 벗어날 수 없었다. 같이 레슨을 받던 친구들과 일부러 만나지 않으려고 노력했지만, 거의 모든 친구들이 명문대에 지원했다는 소식을 피할 수는 없었다. 소식을 전하는 친구들 앞에서는 대범한 척 했지만 집에 와서는 한동안 그냥 잠들지 못했다. 실력이 없어서 포기했다면 스스로를 다독이고 이해시킬 수 있었겠지만 그럴 수가 없었다. 화가 나고 분했다.

"이모부하고 이모가 미국행을 다시 한번 생각해 보라는데 모란이 네 생각은 어떠니?"

뉴욕에 사는 이모 내외는 내가 고등학교에 입학하자마자 미국에 와서 첼로를 배울 것을 권했었다. 88올림픽 이후 유학이 붐을 이루고 있었지만, 그래도 고등학생이 유학을 가는 것은 매우 드문 일이었다. 더구나 나는 남자가 아니었다. 그래서 쉽게 결정을 내릴 수가 없었다. 더구나 오빠가 학비가 없어 결국 군대에 가게 되었기 때문에 엄마를 홀로 남겨두고 떠날 수 없었다.

집안 사정은 내가 첼로 레슨을 그만두었을 때보다 점점 나빠졌다. 집에 차압 딱지가 붙은 것은 그저 시작이었고 채권자들은 수시로 집에 찾아와 소란을 떨었다. 그런 사건이 계속되자 항상 당당하고 활동적이었던 엄마는 몰라보게 초췌해져 갔다. 채권자들에게 얼마나 시달렸는지 전화벨 소리만 울려도 깜짝깜짝 놀라는 모습을 보이고는 했다. 1994년은 내게 악몽 그 자체였다.

종국엔 내가 과연 대학이란 곳을 가야 하는 건가라는 생각마저 들었다. 그러나 엄마는 단호했다. 대학에 가지 않고 취업을 하는 딸의 모습을 용납할 수 없다는 것이 엄마의 입장이었다.

나도 물론 평범한 여고생들처럼 대학에 입학하여 캠퍼스 낭만을 누리고 싶었다. 당시 내 일기장에는 대학에 입학하면 하고 싶은 것이 빼곡하게 적혀 있었다. 하지만 대학에 입학한다고 해도 결코 그런 대학생활을 보낼 수 없을 거란 것을 알고 있었다. 취업을 하기 위해 학교를 다니는 것은 더욱 암담했다. 취업할 수 있는 곳이 한정되어 있을 뿐만 아니라, 어린 나이에 취업은 꿈과의 완전한 이별로 받아들여졌기 때문이다. 결국 나를 둘러싸고 있는 현실과 타협점을 찾아야 했다. 학과에 대한 고민은 필요 없었다. 음악과 관련이 없다면 나에게는 모두 똑같았다. 일단 차비가 들지 않을 정도로 집에서 가까워야 했고 빨리 졸업하고 빨리 취직할 수 있어야 했다.

다행히 오빠가 다니던 인하대가 집에서 걸어서 40분 거리에 있었다. 인하대학교 캠퍼스에는 인하공업전문대학도 같이 있었다. 형편상 4년제는 무리라고 생각해 무작정 그 학교로 찾아갔다. 마침 학과를 소개하는 교수님을 만날 수 있었는데, 나보고 외모가 나쁘지 않고 성적도 좋은 편이니 항공 관련 학과를 가보는 것이 어떠냐고 했다.

"항공 관련 학과에는 항공운항과와 항공경영과가 있어요. 항공운항과는 나중에 항공사 승무원이 되는 것이고, 항공경영과는 항공사

처음부터 나의 꿈이 스튜어디스는 아니었다.
어려워진 집안 환경 때문에 직업이 절실히 필요했고,
가정에 보탬이 되는 사람이 되고 싶어 한 선택이었다.
하지만 그저 돈을 벌기 위해 시작한 승무원 생활은
불행의 연속이었다.

지상직원이 되는 과예요. 항공운항과 같은 경우에는 면접의 비중이 큰 만큼 수능 커트라인 점수는 좀 낮고, 항공경영과는 면접 점수가 낮은 반면 수능 커트라인 점수는 높은 편입니다. 우리 학교의 브레인들은 모두 항공경영과에 모이죠."

교수님의 설명을 들으며 나는 이런 생각을 했다.

'항공운항과? 그건 얼굴만 예쁘고 머리에 든 거 없는 애들이 가는 과라는 얘기네. 얼굴도 얼굴이지만, 난 멍청한 애들이랑은 학교에 같이 다니고 싶지 않아! 그리고 승무원이라는 직업도 이 사람 저 사람한테 웃기만 하는 천한 직업 아니야?'

아, 이 얼마나 앞뒤 없고 어이없는 생각인가! 그 당시만 해도 항공사 승무원에 대한 사전 정보도 없었고, 흔하지 않은 직업군이었으므로 나의 오판을 이해해 주길 바란다. 그 무렵의 사회 분위기를 한 가지 덧붙이자면, 2년 뒤 나와 같이 승무원 시험에 최종 합격한 동기 중 한 명은 아버지의 반대로 결국 입사교육을 받지 못했다. 그 친구 아버지의 반대 이유는 매우 간단했다. 여자가 외박을 수시로 하는 직업이라는 것이었다. 요즘에는 항공사 여승무원 시험에 합격했는데 자의로 입사하지 않는다는 것은 상상도 못할 일이지만 1990년대에는 그런 일이 실제로 있었다.

결국 난 성적에 맞고 취업도 잘된다는 항공경영과를 선택했다. 지금 돌이켜 생각해 보면 참 어이없는 선택이었다. 초등학교도 아니고 대학교를, 차비를 아끼기 위해 무조건 집 가까운 학교를 선택하는 사람이 흔할까? 전공 선택도 그렇다. 사전 정보 없이 그 교수님 한 분의 말씀만 듣고 지원을 한 것이었다. '될 대로 되라'라는 심정의 발로였을지도 모른다. 그러나 지금 와서 생각해 보면 난 상당히 운이 좋았던 것이다. 다른 학과에 지원했더라면 난 음악이 아닌 다른 소질을 찾는 데 몇 년을 더 허비했을지도 모른다. 다행히 항공 관련 학과를 지원했기 때문에 학과와는 다소 거리가 있긴 하지만 항공사 승무원이 되었고, 항공서비스과 교수까지 된 것이 아니었나 싶다.

모든 일에는 다 이유가 있다고 한다. 우리가 스쳐 지나가는 일도 그냥 일어나는 법은 없다는 것이다.

發見 매력은 등대가 된다

: '로즈'의 유혹

예상했던 것처럼, 처한 상황에 따라 선택한 대학과 대학생활은 나의 상상과는 완전히 달랐다. 선배 오빠를 쫓아다니며 점심 사달라고 조르고, 학교 수업이 끝나면 학교 잔디밭에서 막걸리를 마시고, 미팅을 하고 남자친구를 사귀고……. 집안 사정이 그렇게 되기 전에는 드라마에서 흔히 보던 대학생활이 나의 미래가 될 거라 생각했다. 하지만 현실은 그렇지 않았다. 난 학비와 생활비를 직접 벌어야 했고, 2년 후에는 취업을 해야만 했다. 막연히 꿈꾸던 대학생활은 나에게 사치나 다름없었다.

게다가 드라마 속의 대학과 현실의 대학은 나의 상황은 둘째치더라도 전혀 다른 세계였다. 드라마에 있었던 캠퍼스의 낭만은 없었다. 특히 전문대학이라는 특성 때문에 학문을 깊이 연구하기보다는 실무 위주로 수업이 진행되었고, 그 방식에는 도저히 적응을 할 수 없었다. 그곳에는 〈사랑이 꽃피는 나무〉도 없었고 〈하버드의 공부벌레들〉도 없었다. 아마도 하고 싶었던 분야의 공부가 아니었기에 더 그랬던 듯하다.

집안 사정은 해를 넘겨도 나아지지 않았다. 학비와 생활비를 벌기 위해 쉴 틈 없이 아르바이트를 해야 했기에 친구들과 어울릴 여유가 없었다. 매일 생활정보지를 보며 아르바이트할 곳을 찾아야만 했다. 피아노 학원, 초등학생 음악 과외, 커피숍 주방, 뷔페식당 서빙, 결혼식장 피아노 연주 등 닥치는 대로 할 수 있는 건 다 했다.

만약 어린 시절부터 그런 환경이었다면 그 속에서 재미를 찾고 즐기는 법을 알았겠지만 처음 접하는 그 팍팍한 현실 앞에 나는 금세 지쳐갔다. 학교와 일, 그 어디에도 마음을 붙일 수가 없었다. 닥친 일을 어쩔 수 없이 했다. 그저 하루하루를 견디는 것이 내가 할 수 있는 전부였다.

그러던 어느 날, 커피숍에서 아르바이트를 끝내고 집에 돌아가는 버스를 기다리던 중의 일이었다. 정류장 칸막이에 붙어 있는 희한한 전단지의 문구가 눈에 들어왔다. 여느 전단지처럼 4도 인쇄도 아니고 그저 흰 백지에 매직으로 적은 조잡한 전단지였다.

'월 200만 원 보장. 숙식 제공.'

그 문구 앞에서 입이 쩍 벌어졌다. 200만 원이란 그 숫자가 너무 대단하게 느껴졌기 때문이다. 당시 내 시간당 아르바이트 비용은 불과 1,300원에서 1,500원 사이였다. 커피숍 주방에서 하루 종일 설거지를 해도 한 달 동안 벌 수 있는 돈은 채 30만 원이 되지 못했다. 간간히 들어오는 결혼식장 피아노 연주라도 있어야 30만 원을 간신히 채울 수 있었다. 200만 원이면 한 학기 등록금에 용돈까지도 충분히 충당할 수 있는 금액이었다. '도대체 무슨 일인데 저렇게 많은 돈을 주는 거지?'라는 호기심이 일었다.

'당장 전화를 해볼까?'

나는 한참을 망설였다. 그 이유는 바로 가게 이름 때문이었다. 로즈Rose, 아무리 어렸어도, 그 가게가 뭘 하는 곳인지는 대충 감이 왔다. 처음에는 돈의 액수에 놀라 공중전화부스로 달려갈 뻔했지만, 차츰 그곳이 일반적인 가게는 아닐 것이라는 생각이 들었다. 버스를 타고 시내를 돌아다니다 보면 종종 구석진 동네에서 원색 간판으로 손님을 유혹하는 가게를 보곤 한다. 사람들이 그곳을 무엇이라 부르는지 정확히 알 수는 없지만 그저 술만 파는 술집은 아닐 터였다.

그럼에도 불구하고 내 마음은 첫 날갯짓을 하는 나비처럼 요동을 쳤다. 그 돈이면 등록금 걱정도 없어지고 다시 첼로를 시작할 수 있을 것 같았다. 몇 달만, 아니 일 년만 버티면 머지않아 본래의 꿈도 이루고 부모님께 경제적인 도움도 드릴 수 있을 거란 희망이 부풀어 올랐다. 이런저런 생각에 한참을 그 자리에서 떠나지 못하고 전단지를 바라보았다.

그날 밤까지 나는 그 '로즈'의 유혹에 이끌려 좀처럼 잠이 들지 못했다. 그 유혹으로부터 벗어나게 해준 건 바로 엄마였다. 새벽녘에 화장실을 가려고 방에서 나왔는데, 어둠이 드리워진 거실이 은은한 불빛으로 출렁이고 있었다. 엄마가 기도를 드리기 위해 켜놓은 촛불의 불빛이었다. 기도를 드리는 엄마의 그 쓸쓸하고 서글픈 작은 등. 가슴이 철렁 내려앉았다. 엄마의 희망 속에 나의 한낱 부질없는 희망은 포함되어 있지 않을 것이었다. '로즈'의 유혹에 잠시나마 흔들렸던 내 자신이 부끄러웠다.

정신이 번쩍 들었다. 쉬운 방법으로 돈을 벌어 학교를 다니고 꿈을 위해 그 돈을 투자한다고 해도 과연 스스로 떳떳할 수 있을까? 부모님이 잘했다고 할까? 절대 그렇지 않았다. 몸이 편한 대신 마음이 불편한 것은 내 방식이 아니라는 생각이 들었다.

몸은 좀 고돼도 마음이 편한 길, 지금도 여전한 내 삶의 스타일이다. 내 자신에게 떳떳하기 위하여, 또 날 위해 눈 뜨자마자 기도하는 우리 엄마를 위해 올바르게 살아야 한다고 다짐했다. 그날 엄마의 뒷모습을 보며 결심했다.

'엄마! 조금만 기다려, 내가 꼭 돈 많이 벌어서 빚쟁이들한테 빼앗긴 집 다시 찾아줄게. 그래서 엄마 어깨 다시 펼 수 있게 해줄게!'

: 낙방으로 시작된 내 꿈의 기록

다짐을 하고 각오를 다져도 현실은 녹록치 않았다. 먹고사는 일이 그처럼 힘든 일인 줄 몰랐다. 품었던 희망은 종종 현실의 벽 앞에서 흩어지고 부서졌다. 학과 공부는 여전히 지지부진했고 아르바이트는 고됐다. 그나마 다행인 것은 좋은 버릇을 하나 들였다는 것이다. 학교 수업을 마치고 아르바이트를 하러 가는 길, 혹은 아르바이트를 마치고 집으로 돌아가는 길에 틈틈이 서점에 들르는 버릇이 생긴 것이다. 책을 사 볼 돈은 없었지만 몇 십 분이나마 서서 책 속의 이야기에 빠져들곤 했다. 다른 사람들의 삶과 사랑, 아픔과 고뇌를 짚으면서 잠시나마 쉴 수 있는 시간이었다.

그러던 중 내 인생의 나침반이 되어준 한 권의 책을 만났다. 자기계발서였다. 지금 와서 보면 무척이나 평범한 내용이었음에도 그 시절 나에게는 천금의 무게로 다가왔다. 당시만 해도 자기계발서란 분야의 책은 무척 드물었고, 나 역시 문학서적만 파고 있어서 더 그랬는지도 모른다. 자기경영이나 자기계발 서적에는 한 번도 관심을 가져본 적 없었던 터라 그 내용이 사뭇 충격적으로 다가왔다. 필자가 하라는 대로만 한다면 나도 크게 성공을 할 수 있을 것만 같은 생각이 들었다. 차비도 아까워 한 시간 안팎의 거리는 무조건 걸어 다녔지만 그날은 돈을 헐어 그 책을 샀다. 읽고 또 읽었다. 그리고 책 내용을 일기장에 정리했다. 그날의 일기는 일종의 인생 계획서 같은 형식을 띠었다.

'그래, 난 어려! 지금 상황이 조금 안 좋긴 하지만 잘 될 수 있어. 내가 내 인생을 설계하고 그 계획대로 살아보는 거야!'

난 스물한 살이었다. 난 향후 2년 계획을 세우고, 며칠 후에는 5년 계획을 세웠다. 또 며칠 후에는 10년 계획을 세웠다. 음악의 길을 잃고 나서 나에게는 구체적인 꿈이 없었다. 그러나 그날 이후 매해 목표를 설정하다 보니, 해마다 내가 이루어야 할 일이 정해졌고 그것을 이뤄나가는 것 자체가 재미있는 일이 되었다.

장기적인 계획을 세우고 그 계획을 이룰 때마다 한 줄, 한 줄 그 항목들을 지워가는 재미를 느껴보지 않은 사람은 상상도 못할 것이다. 시간이 꽤 지나고 다시 그 일기장을 보았을 때 난 깜짝 놀랄 수밖에 없었다. 스물한 살에 세웠던 계획들이 거의 모두 이루어져 있었기 때문이다. 세부 내용들만 약간 수정이 되었을 뿐 큰 줄기는 바뀌지 않은 채였다. 나중에 깨닫게 된 것은 내가 목표를 세운 것이 100이었다면 항상 결과는 100+a로 나타났다는 사실이었다.

그 당시 나의 계획은 대학교 2학년 때에 무조건 항공사에 취업을 하는 것이 최우선 목표였고, 회사에 취직한 이후에도 계속 공부를 하며 나를 발전시키는 것이 다음 목표였다. 장기적으로는 석사 과정까지는 마쳐서 전문대밖에 보내지 못했던 엄마의 설움을 어느 정도 해소시켜 드리고 싶었다. 구체적이지는 않지만 삶의 윤곽만은 확실히 잡은 것이다.

2학년이 되면서 항공사에 무조건 취업을 해야 한다는 목표를 위해 열심히 노력했다. 물론 그 당시에는 승무원과 인연이 닿을 줄은 꿈에도 몰랐다. 나는 전공에 맞게 항공사 지상직원이 되는 시험을 보려고 했다. 그러나 학교 성적이 좋지 않았고, 당연히 교수님 추천서를 받지 못했다. 그래도 그냥 포기할 수는 없어 A항공사 지상직원 시험을 보았으나 서류전형에서 낙방했다.

'어차피 학교 성적이 좋지 않으니, 다른 것으로 메워보자!'

처음 생각했던 것이 토익이었다. 어렸을 때부터 영어를 좋아했고, 학교 공부는 하지 않아도 늘 도서관에서 영어공부만큼은 꾸준히 해왔었기 때문이었다. 다행히 토익 성적이 다른 친구들보다 높게 나와 다음에 있을 항공사 지상직원 시험에 다소 유리할 수 있을 거란 희망이 생겼다. 그러던 중 나의 운명을 바꾼 그날이 다가왔다.

: 면접에서 발견한 매력

그날은 개교기념일이었고 아르바이트도 저녁 시간뿐이어서 간만에 집에서 빈둥대며 '앞으로 어떻게 살아갈 것인가.' 하는 고민에 빠져 있었다. 그러던 중 언젠가 지인들이 나에게 했던 말이 떠올랐다.

"넌 승무원을 하면 굉장히 잘 어울릴 것 같아."

나는 나를 무척 잘 안다. 작지 않은 키, 일명 아나운서 머리라고 하는 짧은 보브 단발머리를 하고 다닌 덕에 그런 소리를 들었던 것이라 짐작하고 있었다. 더구나 부모님의 유전자를 고루 받은 덕에 팔다리가 길고 날씬한 편이었다. 그날 나는 거울 앞에서 상당한 시간을 들여 내 몸매를 관찰했다. 결론은 '나쁘지 않다'였다. 114에 전화를 걸어 K항공 전화번호를 알아냈다.

"저, 거기 K항공이죠? 혹시 승무원은 언제 뽑나요?"

"네, 지금 서류 접수 중입니다. 와서 지원 서류 받아가세요."

'왜 하필 지금이야!'

머릿속이 복잡해졌다. 그동안 단 한 번도 승무원을 생각해 보지 않은 상태였기 때문이었다. 그저 호기심만 있었을 뿐 준비가 전혀 되지 않은 상태였다. 하지만 이왕 뽑은 칼을 그대로 칼집에 넣을 수는 없는 일이었다.

"죄송하지만 거기가 어디죠?"

"서울 시청역에서 내려서 서소문 K항공 빌딩으로 오시면 됩니다."

그때까지 난 서울에도 몇 번 가 본 적이 없었고 서소문이 어딘지도 몰랐다. 결국 1호선을 타고 시청역에서 내려 지나가는 사람들에게 길을 묻고 물어 K항공을 찾아갔다. 지원 서류를 받아왔고, 망설임 없이 접수를 시켰다. 엎지른 물이었다. 그야말로 즉흥적인 시도였으므로 가족이나 친한 친구들에게조차 알리지 않았다. K항공 측에서 내게 관심을 보일 거라는 생각은 전혀 하지 않았다. 운이 좋아 서류 전형을 통과하면 그저 면접 경험은 쌓을 수 있을 거라 생각했다.

그런데 며칠 뒤 서류전형에 합격했으니 면접을 보러 오라는 연락이 왔다. 기분이 좋은 것도 잠시, 걱정이 밀려왔다. 일단 입고 갈 옷이 없었다. 취업 준비생임에도 불구하고 그때까지 난 정장 한 벌이 없었다.

결국 1차 면접에는 친구 정장을 빌려 입고 나갔다. 그리고 마치 아르바이트를 구하러 갈 때처럼 가벼운 마음으로 면접장을 찾아갔다. 그러나 면접장에 들어서자마자 입이 딱 벌어졌다. 나는 친구 정장에 직접 드라이한 머리, 화장도 대충하고 왔는데 면접 대기실은 마치 연예인 대기실 같았다. 모두 키도 크고 날씬한 것은 기본이요, 얼굴도 예쁘고, 뭔가 기품이 있어 보였다. 그리고 모두 누군가와 함께였다. 나는 옷을 빌린 친구에게조차 자세히 이야기를 하지 않고 왔지만, 다른 이들은 모두 가족이나 친구들을 대동하고 있었다. 네댓 명이 무더기로 따라온 이도 있었다. 따라온 사람들은 화장품 박스를 가지고 다니며 화장도 고쳐주고 옷매무새도 만져주고 있었다.

아무 생각 없이 들어선 나로서는 그 같은 분위기에 압도당할 수밖에 없었다. 한나절 거울을 보며 '나도 나쁘지 않은데!'라고 생각하고 무심코 서류를 접수한 내가 있을 자리가 아닌 듯이 느껴졌다. 그저 나는 대학교 2학년생일 뿐이었다. 순간 '그냥 돌아갈까?' 하는 생각이 떠올랐지만, 이왕 이렇게 된 거 승부를 걸어보자고 마음을 고쳐먹었다. 나에겐 취업을 준비하면서부터 직접 만든 면접 대비 질문집이 있었다. 오로지 믿을 건 그것뿐이어서 나는 속으로 질문을 던지고 작은 소리로 답을 되새기며 차례를 기다렸다.

그때만 하더라도 인터넷이 지금과 같지 않아 혼자서 도서관이며 서점을 뒤지고, 취업한 선배들을 직접 만나가며 모든 자료를 정리할 수밖에 없었다. 그러나 그 과정을 통해서 나름 괜찮은 자료가 만들어졌고 또 자연스러운 습득이 이루어져 있었다. 특히 통학을 하거나 아르바이트를 할 때 걸어 다녔던 시간들이 도움이 되었다. 걷는 시간 동안 중얼중얼하면서 혼자 질문하고 혼자 답하며 표정 연습까지 할 수 있었기 때문이다. 그런 내 모습을 본 사람들은 고개를 갸우뚱하면서 지나치기 일쑤였다. 아마도 미친 사람인 줄 알았을 거다. 집에 와서는 전신거울을 앞에 두고 표정과 몸짓을 연구했다. 전신거울을 보면서 면접 연습을 하다보면 내 자신의 걸음걸이나 말할 때의 습관과 표정 변화까지 정확하게 파악할 수 있어 많은 도움이 된다.

내 차례를 기다리는 동안 나는 쉬지 않고 묻고 답했다. 생애 처음 정식 면접을 보는 것이었기에 떨리고 긴장되는 것은 당연한 일이었다. 내 차례가 되어 면접장에 들어서니 입술이 파르르 떨렸다. 웃음을 지으려 노력했지만 경직된 얼굴은 좀처럼 펴지지 않았다. 그래도 최선을 다해 웃으려고 애썼고, 질문에 당혹하지 않고 준비한 만큼 최선을 다해 답했다.

아무리 처음 접한 면접이지만 면접을 하다보면 스스로 당락 여부를 어느 정도는 짐작할 수 있기 마련이다. 그날 나는 나오면서 탈락을 예감했다. 왜냐하면 면접관의 질의응답 중 껄끄러운 것이 있었기

114에 전화를 거는 것으로 시작된 나의 승무원 도전기!
제대로 된 정장 한 벌 없이 입사 면접에 참가했지만
객실 사무장이라는 서비스 최고 책임자 자리까지 오르게 되었다.
끝을 모르기에 언제든 시작할 수 있는 것이 삶이라는 생각이 든다.

때문이었다. 그는 몇 가지 질문을 뒤로 하고 나에게 전공학과에서 어떤 것을 배우고 왔는지에 대해 물었고, 나는 미리 준비된 답을 차분히 말했다. 미리 예상했던 질문이었기 때문에 별 문제가 없었다. 그러나 그 면접관은 인상을 쓰며 차갑게 말했다.

"저런, 잘못 배웠네!"

'아뿔싸! 그런데 내가 무슨 말을 잘못한 거지?'

난 잠시 혼돈에 빠졌다. 그리고 무엇을 잘못 말했는지 기억을 되돌려 보았다. 내가 답한 내용은 교재 앞머리 부분에 나온 '학습 목표'를 정리한 것이었다. '너무 뻔한 답이어서 이토록 실망하는 건가?'라는 의문을 품었지만 나는 표정이 굳지 않도록 노력했다. 면접관 앞에서 실망하는 모습을 보이고 싶지 않았기 때문이었다. 어떤 상황에서도 주눅이 들고 실망하는 표정은 호감 가는 표정이 아닐 거라는 판단에서였다. 나는 끝까지 미소를 잃지 않았다. 그리고 더욱 밝은 표정을 짓기 위해 노력하며 면접관들 한 명, 한 명과 눈을 마주쳤다. '쟤는 면박을 받고도 뭐가 좋다고 저렇게 웃는 거야?'라는 핀잔을 받을 수도 있지만 이미 상황은 되돌릴 수 없었기 때문이다.

그렇게 끝까지 웃는 모습을 고수하고 돌아 나왔지만 고개가 절레절레 흔들리는 것은 어쩔 수 없었다.

'이런 대기업에서 대답도 똑바로 못하는 사람을 뽑을 리가 없지. 내가 무슨 능력이 뛰어난 것도 아니고 눈에 띄게 예쁜 것도 아닌데 뭘, 당연하지!'

후회는 없었다. 그런 압박감을 견딘 자신이 오히려 자랑스럽게 느껴졌다. 사람이란 어떤 상황이든 부딪히고 견디면 이겨낼 수 있다는 것을 알게 되어 기쁘기까지 했다. 그런데 뜻밖에 며칠 후 2차 면접을 보러 오라는 연락을 받았다. 내가 어떻게 1차 면접을 통과했는지 알 수가 없었다. 아주 나중에 고참 스튜어디스가 되어서야 나는 내가 왜 그 면접을 통과할 수 있었는지 알게 되었다.

승무원은 어떤 문제 상황에 부딪히더라도 당황하지 않고 대처해야 한다. 여객기는 기본적으로 안정성을 기본으로 한 안락함이 가장 중요하다. 그런데 공중에 떠 있다는 사실 하나만으로 사소한 일도 심각해질 수 있는 공간이기도 하다. 발생한 문제가 사람으로 인한 것이든 기계 결함이든 모두 생명과 직결될 수 있는 중대한 일로 번질 수 있는 여지가 있다는 말이다. 때문에 어떤 일에도 무덤덤하고 여유 있게 행동해야 한다. 그날 면접관들은 일부러 나를 당혹스럽게 만들었던 것이다. 그 위기를 어떻게 넘기는지를 보고 싶었던 것이고, 나는 미소를 잃지 않았기에 그 위기를 넘길 수 있었다.

바로 그것이 그동안 내가 몰랐던 나만의 장점, 나만의 매력이었다. 물론 그 당시의 나는 그런 점을 전혀 모르고 있었다. 그저 운이 좋아 면접에 합격한 것이라 생각했을 뿐이다.

發見
매력은 무기가 된다

: 승무원이 되다

2차 면접을 준비하면서도 별반 달라진 것은 없었다. 여전히 나를 꾸밀 만한 여력은 없었고 믿을 건 그저 그간 해온 공부뿐이었다. 더구나 친구 옷도 빌릴 수가 없어서 2차 면접에는 엄마의 유행 지난 정장을 몰래 입고 나갔다.

군계일학(?)이었다. 1차 때와 마찬가지로 그곳에 모인 이들의 모습은 너무나 세련되고 화려했기 때문에 오히려 내 옷차림은 튈 수밖에 없었다. 당연히 면접관들은 날 이상하게 쳐다보았다. 도저히 20대 초반이 입을 수 있는 옷의 디자인이 아니었기 때문이다. 그 옷은 고故 앙드레김 선생이 자주 입었던 옷처럼 직각으로 된 어깨 뽕에 금장 무늬가 휘황찬란하게 새겨져 있었다. 만약 다시 그 시절로 돌아가라고 한다면 나는 도저히 그 옷을 다시 입을 자신이 없다.

"도대체 그 옷은 어디서 구입한 겁니까?"

결국 면접관 중 한 명이 내게 물었다.

"네, 젊은 사람들의 취향보다는 면접관님들이 좋아하실 만한 디자인의 옷을 선택하여 구입했습니다."

내가 한 말이지만 참으로 당돌한 대답이었다. 뭐라고 대답해야 할지 한참을 궁리한 끝에 생각해 놓았던 대답이었다. 면접관들은 어이없다는 듯이 실소를 터트렸고 딱딱했던 면접장의 분위기가 한결 부드러워졌다. 물론 부드러운 분위기는 편안한 면접으로 이어졌다.

그렇게 난 운 좋게 K항공 객실 승무원으로 입사하게 되었다.

그러나 그렇게 어려운 과정을 거쳐 취업이 됐건만 난 만족하지 못했다. 당시 나는 여전히 음악에 대한 미련을 버리지 못하고 있었고, 스튜어디스라는 직업은 그저 돈을 벌기 위해 선택한 직업이었을 뿐 별 다른 의미가 없었기 때문이다. 지고 싶지 않은 마음으로 면접 경쟁에는 성심을 다해 싸웠지만 그때뿐이었다. 마음가짐이 이러하니 일에 대한 재미도, 흥미도 없었고 모든 게 다 낯설고 힘들기만 했다. 나는 나 스스로를 코너로 몰고 있었다. 그리고 외톨이인 상황에 대해 비참해 했다.

하와이로 떠난 첫 비행에서 나는 시차에 대한 계산도 못할 정도로 전혀 준비성이 없었다. 게다가 첫 비행부터 하와이에서 돌아오는 길에 지각을 하는 사고를 쳤다. 당연히 사무장님을 비롯한 동료들의 눈 밖에 날 수밖에 없었다. 하지만 그 이후에도 실수를 안 하려고 노력을 할 뿐 비행 업무에 대해서는 애정을 쏟지 않았다. 그저 시키는 대로 하고 아무런 생각도 없이 세계 여러 나라를 가방만 끌고 다닐 뿐이었다.

지금 생각해 보면 정말 한심하기 그지없지만, 그렇게 억지로 회사를 다니는 사람이 바로 나였다. 당시 승무원의 세계는 지금과 조금 달랐다. 내가 입사한 1997년 즈음의 승무원 평균근속연수는 2년여에 불과했는데, 지금처럼 평생직장으로 여기게 된 건 IMF 이후부터였다. 그 이전에는 잠시 머물다 가는 곳이란 이미지가 강했던 것이 사실이다. 여승무원들은 대부분 짧은 직장생활을 뒤로 하고 좋은 혼처를 찾아 결혼을 하거나 다른 직업을 찾아 떠나갔다. 원해서 선택한 직업도 아닌데다가 그런 이미지에만 매몰되어 나는 승무원이란 직업이 얼마나 좋은 직업인지 전혀 인식하지 못하고 있었다.

일을 더 배우려 한다거나 남보다 더 잘하기 위해 노력하지 않았고 끌려 다니기만 했으며 동료들과 잘 지내려고 하지도 않았다. 스튜어디스라는 직업은 모두 알다시피 타지를 많이 떠돈다. 그리고 돌아오기까지 공백 시간이 생긴다. 소속감이 있는 사람이라면 대부분은 그 시간 동안 서로의 친목을 다지기 위해 술도 마시고, 함께 쇼핑을 하거나 여행을 하는 등의 노력을 하기 마련이다. 그러나 나는 그조차도 하지 않았다. 술이 싫고 쇼핑이 싫어도 적정선을 지키면서 상대방의 기분이 상하지 않게 하는 방법은 분명히 있을 것이다. 그러나 나는 그 방법을 전혀 몰랐다. 결국 그들과 점점 멀어졌고 회식자리에 초대받지 못하는 경우까지 발생했다. 그렇게 난 무정체성의 시기를 꽤 오랫동안 겪었다.

엄마를 좀 더 편하게 하고 싶다는 생각, 그리고 남보다 뒤처지고 싶지 않다는 생각으로 취업을 선택한 건 사실이었다. 하지만 스물두 살에 회사를 다닌다는 것에 대한 창피함이 내 마음 깊숙이 자리잡고 있었다. 청소년기를 같이 보낸 친구들은 아직도 학교에 다니고 있는데, 나 혼자 돈 벌러 다닌다는 자체가 부끄러웠다. 남들보다 매우 뒤늦게, 그러니까 사춘기라는 것이 그제야 찾아왔던 것이다.

현실적인 상황에 따라 힘들고 먼 길을 달려왔지만, 내면적으로까지 완전히 현실을 인정하고 받아들이기에는 아직 어렸다. 내가 이렇게 돈을 벌기 위해 노력하는 동안 나와 함께 음악을 했던 친구들의 연주 실력은 점점 늘어가고 내가 꿈꾸었던 청춘을 만끽하고 있을 거란 생각이 들면 걷잡을 수 없을 정도로 마음이 흔들렸다.

특히 비행을 하는 동안에는 신참 승무원인 내가 대개 화장실 청소를 맡았는데, 화장실 거울에 비친 내 모습을 볼 때마다 그런 생각은 더욱 심해졌다. 비행기 화장실에서 울기도 여러 번, 내 신세가 하염없이 초라하게 느껴졌다.

시간이 지나도 그런 감정은 다스려지지 않았다. 나는 궁여지책으로 비행이 없는 날에는 캐주얼한 옷차림에 배낭을 메고 대학교 도서

관에 다니기 시작했다. 그렇게 하면서까지 대학생 행세를 하고 싶었던 거다. 학교 다닐 때는 그렇게 학교 다니기가 싫더니, 막상 학교를 떠나니 학생의 신분이 왜 이렇게 부럽던지……. 결국 나는 공부를 하고 싶어서가 아니라 학생이 되고 싶어 한국방송통신대학교에 원서를 냈다.

회사를 그만두고 학교를 다닐 수 있는 상황이 아니었으므로 회사 생활과 학교생활을 병행할 수 있는 방법은 방송통신대뿐이었다(지금은 사이버대학이나 학점은행제 등 많은 학사 지원 시스템이 마련되어 있지만 그 당시에는 방송통신대가 유일했다.). 다소 충동적인 결정이었기에 학과 선택도 신중하지 못했다. 그저 멋있어 보이기도 했고, 평소 영어를 좋아했었기에 영문과에 지원했다. 그러나 결과는 좋지 않았다. 사실 당시 나는 비행 생활에 적응하는 것만으로도 충분히 벅찼고, 공부 그 자체에 대한 간절함이 별로 없었다. 내 능력으로는 도저히 일과 공부를 병행할 수 없다고 판단하자마자 바로 포기했다.

어리석은 결정, 섣부른 결론이었다.

: 하버드에서 찾은 새로운 길

그렇게 부질없이 2년여의 세월이 흘렀다. 다행인 것은 그 시간 동안 비행에는 서서히 적응이 되어 막내 티는 벗어나고 있었다는 것이다. 그 시점에 나는 지구촌 곳곳, 비행기가 갈 수 있는 곳은 모두 가본 상태였다. 또 돌아오기 전의 시간을 나름대로 슬기롭게 쓸 수 있는 계획을 세워 지역의 명소를 찾아 견문을 넓히기 위해 노력하고 있었다.

그때까지 가장 인상적인 곳을 뽑으라면 보스턴이었다. 난 남은 시간을 온전히 하버드 대학을 견학하는 데 썼다. 보스턴에 있는 유명한 대학이 한둘이 아니었지만, 그 중에서도 하버드 대학만큼은 꼭 가보고 싶었기 때문이다.

하버드는 하버드였다. 하버드는 그동안 내가 알고 있던 모든 인식을 깨뜨렸다. 일단 캠퍼스의 규모 자체가 달랐고 분위기도 완전히 딴판이었다. 캠퍼스라기보다는 하나의 마을인 것처럼 하버드의 모든 것은 자연스러웠다. 한눈에 봐도 학문을 위한 장소였다.

내가 찾아간 날은 제법 쌀쌀한 가을이었음에도 불구하고 어떤 학생들은 반팔과 반바지 차림으로 스케이트보드를 즐기고 있었고, 또 어떤 학생은 두터운 코트에 목도리까지 칭칭 감고 교정을 활보하고 있었다. 각양각색 인종의 젊은이들이 누구의 눈도 의식하지 않은 채 시간을 보내고 있었다. 영화에서만 보던 원형경기장 형태의 멋진 강의실, 수업시간에 자유롭게 노트북을 꺼내 무언가를 계속 입력하며 수업에 열중하고 있는 모습들이 신선하게 다가왔다.

'아, 나도 다시 공부하고 싶다!'

그날 가장 크게 느낀 것은 장소가 중요한 게 아니라는 것이었다.

결국 가장 중요한 건 자신이 하고 싶은 공부가 무엇인지, 그것을 알아야 한다는 것이었다.

보스턴 비행에서 돌아오자마자 나는 일기장을 펴고 새롭게 세운 계획을 써내려갔다. 다시 방송통신대학교를 다니기로 결심한 것이었다. 그러나 이번에는 내가 진정으로 공부하고 싶은 분야를 선택하기로 했다. 겉멋이 들어서 영문과를 선택했던 실패를 반복하고 싶지 않았다. 내게 가장 필요하고 절실한 공부는 바로 내가 경험한 분야였다.

수년간 서비스직에 종사하면서 나는 사람들을 대하는 방법에 대해 자연스럽게 터득할 수 있었다. 내가 어떻게 손님을 응대하느냐에 따라 내가 속한 조직에 대한 이미지가 달라진다는 것을 깨닫게 된 것이다. 작게는 식사 메뉴를 어떻게 설명하느냐에 따라 손님이 선택하는 메뉴가 달라지고, 면세품에 대해 어떻게 설명하는지에 따라 구매 욕구가 달라진다는 것을 이미 체득하고 있었다. 그 체험을 보다 면밀히 분석하고 학문적으로 탐구해 보고 싶은 욕구가 있었다. 결국 내가 파고들 분야는 경영이었으며, 그 중에서 마케팅 분야가 핵심이라고 판단했다.

'그래, 이번에는 경영학을 한번 전공해 보자!'

첫 실패의 교훈은 상당했다. 정말 필요하다고 생각되는 분야를 파고들자 피곤한 줄을 몰랐다. 밤새고 비행을 다녀와 또 밤을 새고 공부를 할 수 있었다. 방송통신대학의 특성상 일정한 시간에 나가서

박사학위 받던 날, 사랑하는 엄마와 함께.
전문대 졸업생이 서비스 마케팅 박사학위를 땄다.
집안 사정으로 인해 윤대를 포기하고,
전문대로 진학하는 것을 지켜봐야 했던
엄마의 서운함을 풀어드린 순간이었다.

수업을 받는 대신 혼자 공부해야 했으므로 어려움이 없었던 것은 아니다. 하지만 시간이 지나면서 혼자 공부하는 것도 익숙해져 갔다. 그 과정 자체가 즐거웠고 또한 절실했다.

비록 시험 날에만 학교에 가서 중간고사와 기말고사를 치르긴 했으나, 그 시험을 치는 강의실이란 공간 자체가 각별했다. 앞서도 이야기했듯 나는 지극히 평범한 사람이다. 나라고 학창시절에 시험보는 것을 좋아했겠는가! 그렇지만 나이가 들어 내 돈을 내고 다니는 학교에서 내가 하고 싶은 공부를 한 후 치르는 시험은 행복 그 자체였다.

그리고 2년 후, 나는 전문대학 졸업자에서 4년제 대학교 졸업자가 되었다. 화려한 것과는 먼 졸업식이었지만 일생 동안 그때만큼 기뻤던 적이 없었다. 내 자신이 자랑스러웠고, 뭐든지 다 할 수 있을 것 같은 자신감도 붙었다. 무엇보다 나를 쳐다보던 엄마의 표정을 잊을 수가 없다. 엄마는 수년간 웃음이 없는 시간을 보냈지만 그날만큼은 예전처럼 환하게 웃는 엄마를 다시 만날 수 있었다.

자신감이란 한번 붙기가 어렵지, 한번 붙으면 거기에 탄력이 붙어 점점 더 커진다. 목표도 마찬가지다. 한번 목표에 도달하면 또 다른 새로운 목표가 생긴다. 그것도 보다 더 큰 목표가 보다 확고한 신념으로 내 앞에 세워지는 것이다. 나는 누군가에게 조언을 할 때마다 자신의 한계라고 생각하는 것보다 더 큰 목표를 세우고, 그 목표를 이루기 위해 세부적인 실천사항을 조목조목 적어나가라고 권한다.

실천사항을 완수하면 한 줄씩 지워나가며 단계를 밟아가면 반드시 목표를 달성할 수 있을 거라고 말한다. 그 과정을 겪은 사람은 이미 이전의 사람이 아니다. 자신도 모르는 사이, 이미 훨씬 큰 사람이 되어 있을 것이다.

다만 실천사항은 본인이 충분히 이룰 수 있는 정도로 정해야 한다. 그래야 중간에 자신감을 상실하지 않는다. 지나치게 큰 목표를 정하면 자신감을 잃을 수 있다. 가장 중요한 것은 자신과의 약속을 지키는 것이다. 작지만 착실한 약속이행이 결국 성공을 부른다.

: '하루'의 감사함

비행을 오래, 자주 하다보면 누구나 한 번쯤 겪는 일이 있다. 바로 터뷸런스Turbulence, 즉 기체의 흔들림이다. 지진이 날 때 지축이 흔들리는 느낌을 비행기에서 느낀다고 생각하면 쉽게 연상할 수 있을 것이다. 비행기가 좌우로 흔들리는 이런 현상은 주로 불안정한 기류 때문에 생기는데, 비행 중에 흔하게 일어나며 대개 심각한 지경까지 가지 않는다. 그런데 문제는 이 흔들림의 강도가 제각각이라는 것이다. 간혹 매우 심할 경우에는 경험자들도 당황하기 마련이다.

지진이 자주 일어나는 일본의 영상에서 강한 지진이 발생했을 때 책장에서 책이 떨어지고 서랍이 저절로 열리며 사람들이 중심을 못

잡고 휘청거리는 모습을 본 적이 있을 것이다. 터뷸런스가 심한 경우, 이러한 상황이 비행기에서도 똑같이 일어난다고 보면 된다. 무방비 상태로 터뷸런스를 맞게 되면 서비스를 하고 있는 승무원들은 자기 몸을 가눌 수 없어 주저앉고, 서비스 물품은 공중으로 날아가는 현상이 벌어지고는 한다. 좌석 벨트를 하지 않은 승객은 비행기 천장까지 몸이 붕 떴다가 다시 떨어지기도 하는데, 이런 상황이 벌어지면 객실은 아수라장이 된다.

방송통신대학교를 졸업할 즈음 나는 편승비행(Extra Flight: 다음 비행을 위해 유니폼을 입지 않고 승객 좌석에 앉아 목적지까지 이동하는 것)을 위해 뉴욕행 비행기를 탔다. 식사 시간이 지나고 객실의 조명이 어두워졌다. 취침 시간이었고 대부분의 승객은 잠이 들었다. 나는 편승비행을 할 때 책 읽는 걸 좋아했는데, 그 이유는 조용하고 집중이 잘 되기 때문이었다. 그날 역시 나는 편안한 마음으로 책을 읽고 있었다. 더구나 학과 수업 때문에 사놓고 보지 못한 책이어서 상당히 몰입해 있었다. 그런데 갑자기 비행기가 미세하게 흔들리기 시작했다. 별것 아니려니 생각하고 있었는데 갑자기 비행기가 밑으로 훅 떨어지는 게 아닌가? 순간 내 테이블 위에 있었던 휴대용 CD 플레이어는 공중으로 날아갔고, 먹다 남은 주스 잔은 천장에 부딪쳤다가 내 머리 위로 떨어졌다. 대부분 잠에 들었던 승객들은 황망하게 비명을 터트렸다.

"꺄악!"

"아악!"

아비규환이 이럴 때 쓰이는 말이리라. 만 4년을 꼬박 비행을 해 온 나도 공포에 휩싸였다.

'아! 이러다가 죽는 거구나!'

순간 1997년 여름에 있었던 괌 비행기 추락 사건이 떠올랐다. 온몸에 소름이 끼쳤다. 비행기의 떨림은 멈추지 않았고 순간순간 인생의 편린들이 머리를 스치고 지나갔다. 역시 엄마가 가장 먼저 떠올랐다. 나는 보고 있던 책 앞장을 펴서 유서를 쓰기 시작했다. 흔히 유서는 인생을 정리하는 내용이지만 생각해 보면 내 유서는 보통의 유서의 내용과는 사뭇 달랐다.

'하느님, 저 지금 죽지 않게 해주세요. 저 지금 죽으면 안 돼요. 빚쟁이들한테 넘어간 우리집, 내가 돈 벌어서 우리 엄마한테 다시 되돌려 줘야 한단 말이에요.

하느님, 제가 꼭 죽어야 하는 운명이라면, 지금 말고, 엄마한테 집만 사 드리고, 그 이후에 죽을 게요. 하느님, 부탁이에요! 저 지금 죽으면 안 돼요…… 아직 할 일이 남았다고요!'

아빠의 사업이 부도가 난 이후 우리 가족은 두 다리를 뻗고 잘 수도 없을 만큼 작은, 성냥갑 같은 집에서 웅크리고 살고 있었다. 난 지독하게 돈을 모았다. 우리집의 최저 생계비와 학비, 책을 사는 비용을 제외하고 거의 모든 월급을 저축했다. 그동안 나는 제대로 된 옷 한 벌, 화장품 한 개를 사 본 적이 없었다. 집을 되찾겠다는 생각은 그만큼 확고했고 통장에 찍히는, 불어나는 숫자를 볼 때마다 행복을 느꼈다. 그 숫자만이 그간의 불행을 희석시키는 유일한 희망이었다.

'아, 사망 보험금이 있었지!'

생각은 꼬리를 물고 일어났다. 적지 않은, 아니 적금보다 몇 배는 많은 보험금이 나올 것이라는 생각이 들었다. 생각이 거기에 미치자 잠시 안도하기도 했었다. 하지만 엄마가 그 돈을 기뻐할 리 없었다. 아들은 학비가 없어 도배, 장판하는 일을 하며 대학교에 다니고, 딸은 직장을 나가면서부터 엄마의 불안증은 더욱 심해져 있었다.

"네 아빠가 벌어다 준 돈은 아무렇지 않았는데, 너희들이 벌어다 주는 돈은 돈이 아니라 가슴을 찌르는 대못이구나."

그런 분에게 사망보험금이라니, 가당치도 않은 일이었다. 어떻게든 내 손으로 번 돈으로 집을 사는 것이 최선이었다. 그리고 이제 음악을 대신해 그 자리를 차지한 경영학에 대한 열망도 쉽게 지울 수가 없었다. 나는 여느 때보다 더 간절히 기도했다.

영원할 것 같은 고통의 시간이 그렇게 지나고 있었다. 비행기의 요동은 다행히 잠잠해져갔다. 여기저기서 크고 작은 부상을 당한 승객들의 호소가 터져 나왔지만 난 긁힌 흔적 하나 없었다. 그렇게 죽을 고비를 넘기고 나니 온몸에 힘이 쫙 빠지는 것 같았다. 긴장이 풀려서인지 그제야 눈물이 났다. 그리고 하느님께 감사의 기도를 드렸다.

'죽지 않게 해주셔서 정말 감사합니다!'

그 이후 나는 계획대로 집을 사서 엄마에게 드렸다. 사람들은 흔히 소원을 풀었을 때 이런 말을 한다. '지금 죽어도 여한이 없다.'고.

내가 집을 샀을 당시의 기분이 그러했다. 아마 그 뉴욕행 비행에서 죽었다면 여한이 남았을 것이다.

난 지금도 일이 잘 풀리지 않을 때, 내 주변인이 날 힘들게 할 때, 이유 없이 우울감에 빠질 때, 그 당시 썼던 유서 아닌 유서를 펴 본다. '그래, 이렇게 내가 살려달라고 매달렸던 적이 있었지. 그때 죽지 않고 지금 이렇게 살아 있는 것만으로도 행운인데, 살아 있는 동안 즐겁게 살자. 아무리 어려운 일이라도 죽는 것보다 더 하랴! 다시 힘을 내자!' 하며 파이팅을 외친다.

죽을 고비를 넘기는 경험도 한 번쯤은 필요하고, 유서를 써보는 경험도 필요하다는 생각이 든다. 내 인생에서 진정으로 중요한 것이 무엇인지, 내가 살아야 하는 이유가 무엇인지 깨닫게 되며, 살아 있다는 자체만으로 얼마나 감사한 일인지 알게 되니 말이다. 언제 죽을지 모른다는 마음으로 하루하루의 내 삶을 열정적으로 살아보는 건 어떨까?

發見

〈김모란의 DREAM NOTE〉 NO.1
"꿈의 씨앗을 심어라"

꿈의 씨앗을 심는 과정의 첫 단계는 나의 목표들을 정리하는 것이다. 내가 하고 싶은 일들을 생각나는 대로 적어보는 것이다.
대학교 1학년의 L양을 가상의 예로 삼아보도록 하겠다. L양은 2012년에 대학교 1학년이 된 새내기이다. 대학교 신입생인 만큼 하고 싶은 것도 많다. 그러나 어떤 것을 어디서부터 해야 할지 막연하기만 하다. 그래서 일기장을 펴 놓고 써 내려간다.

- 일단 나는 항공사에 취업하는 것이 목표이니까 영어를 잘 해야겠지? 항공사들은 토익 성적이 좋아야 들어간다고 했으니, 1학년 때부터 차근차근 토익 공부를 해보자! 토익 900점을 목표로!
- 제2외국어도 한 가지는 공부해 두자. 난 개인적으로 일본어가 재미없어. 그럼 중국어를 한번 해볼까? 앞으로 중국과의 교류가 점점 늘어날 테니 배워놓으면 많은 도움이 될 것 같아. 그래! 제2외국어는 중국어로 결정했어. 영어를 잘하는 애들은 많으니, 기본으로 영어도 하면서 중국어도 잘하면 차별성이 있을 거야!
- 요즘 대학생들은 해외로 교환학생이나 어학연수를 많이 간다고 하는데 나도 가고

싶다. 제2외국어로 중국어를 선택했으니 중국으로 가 볼까? 거기는 학비도 다른 곳보다는 비싸지 않을 거야. 그리고 외국에서 다른 학생들도 올 테니 영어도 함께 사용할 수 있겠지? 한번 알아봐야겠다!

- 1년 동안 해외에서 생활하려면 돈이 들 테니 아르바이트를 해야겠다. 주말에는 영어 학원을 다니니 평일에 아르바이트를 해서 돈을 마련해야지. 2년 동안 열심히 모으면 되겠지? 그리고 학점 관리를 잘해서 장학금을 받을 수 있도록 하자! 파이팅!
- 대학 졸업 후 나는 항공사에 취업할 거야! 그리고 항공사에서 여성 임원이 될 거야! 여성으로서 최고의 위치까지 한번 올라가 볼 거야! 난 할 수 있어! 한번 도전해보자!! I CAN DO IT!!
- 취업한 후에는 돈 모아서 부모님 모시고 해외여행 가야지! 어디로 갈지 생각해 봐야지! 즐거운 상상~~!
- 결혼도 해야 하니 돈도 차근차근 모아야 해. 부모님께 손 벌리지 말아야지!
- 취업을 한 이후에도 공부는 꾸준히 할 거야. 난 여성 리더가 될 사람이니 게으르면 안 돼. 항공사에서 여성 리더가 되려면 학벌도 남보다 좋아야겠지? 그럼 대학원도

↑ 나의 보물 1호. 스무 살부터 써 내려온 나의 일기장들.
내 인생의 과거·현재·미래가 고스란히 담겨 있는 나의 인생 설계도.
신기한 것은 여기에 적힌 모든 것이 거의 다 실현되었다는 것이다.
나의 일기장은 〈알라딘과 요술램프〉에 나오는 '지니' 같다.

한번 가 보자!
– 이 모든 걸 정말 내가 다 해낼 수 있을까? 목표만 너무 거창하게 잡은 건 아닐까? 그래도 난 아직 어리고 의지도 강하니까 한번 밀어 붙여보자. 안 되는 게 어디 있어! 하면 다 되는 거지. 이 모든 걸 다 이룬 후에 나에게 선물도 주자. 열심히 노력하고 성취한 후 나 스스로에게 '배낭여행'이라는 선물을 주자! 파이팅!

일기장에 자기가 하고 싶은 일들을 정리해서 써 보면 내가 앞으로 어떻게 살아야 할지 대강 그림이 그려진다. 그림이 그려지면 이것을 연도별로 정리한다. 이때 나이를 꼭 옆에 적어두기를 권한다. 나이를 같이 명시하면 더 피부에 와 닿고 분명하게 느껴진다.

나는 보통 10년 단위 장기 계획을 세운다. 그리고 해마다 단기 계획을 따로 세운다.

년도	나이	장기 목표
2012	20세(대학교 1학년)	– 토익점수 550 획득 – 중국어 회화 공부 시작 – 장학금받기 – 수영배우기
2013	21세(대학교 2학년)	– 토익점수 650 획득 – 중국어 회화 공부 계속 – 장학금받기
2014	22세(대학교 3학년)	– 토익점수 750 획득 – 어학연수 중국으로 다녀오기 (6개월~1년)
2015	23세(대학교 3학년)	– 토익점수 850점 획득 – 장학금받기
2016	24세(대학교 4학년)	– 토익점수 900점 획득 – 장학금받기 – 대학 졸업 – 항공사 취업
2017	25세(사회생활 1년차)	– 회사생활 적응 – 1년에 1천만 원 모으기
2018	26세(사회생활 2년차)	– 회사생활 적응 – 1년에 1천만 원 모으기 – 부모님 모시고 해외여행
2019	27세(사회생활 3년차)	– B대학교 대학원 입학 1학년 – 대학원 장학금 받기 – 1년에 1천만 원 모으기
2020	28세(사회생활 4년차)	– B대학교 대학원 입학 2학년 – 대학원 장학금 받기 – 1년에 1천만 원 모으기
2021	29세(사회생활 5년차)	– 석사학위 취득 – 1년에 1천만 원 모으기
2022	30세(사회생활 6년차)	– 혼자서 유럽 배낭여행 하기 – 1년에 1천만 원 모으기 – 누적 현금 6천만 원 보유하기

년도	나이	단기 계획
2012	20세(대학교 1학년)	– 부모님과 함께 서울, 경기 일대 5곳 이상 등산하기 – 연극 혹은 뮤지컬 보기 – 아르바이트 용돈 모으기(300만 원) – 부모님께 손 벌리지 않기(용돈) – 몸무게 50kg 유지하기(수영) – 봉사활동 실행해 보기 – 한 달에 한 권 이상 책 읽기 – 영어공부: OOO 인터넷 강의 매일 듣기 – 중국어공부: OOO 주말반 학원 다니기

물론 살다보면 목표가 달라지기도 한다. 그러므로 미리 세워둔 계획들에 너무 얽매일 필요는 없다. 그렇다고 수시로 계획을 바꾸거나, 모든 걸 다 버려서도 안 된다. 항목별 추가사항 혹은 수정사항을 보충하는 형식이 좋다. 그렇게 매년 장기 계획을 검토하고 수정한 다음, 거기에 맞추어 단기 계획을 세우면 된다.

보통 계획을 세우라고 하면 많은 학생들이 공부에 대한 계획만 거창하게 세운다. 그런데 그렇게 계획을 세우면 금방 지치게 된다. 나 자신이 학생의 신분만 있는 것은 아니다. 한 인간으로서의 '나'도 있고, 학생으로서의 '나'도 있고, 딸로서의 '나'도 있다. 그래서 나는 각각의 모습 속에서 '나'의 계획들을 세우곤 했다. 예를 들면, 한 인간으로서의 '나'의 모습에서는 스스로의 행복과 재미를 충족시킬 수 있는 계획들을 세웠다. 여행 계획, 운동 계획, 다이어트 계획, 봉사활동 계획, 취미활동 계획 등을 말이다. 그렇게 계획을 세우다 보면 내가 정말 의미 있는 한 인간이 되어가는 것 같아 흐뭇하기도 하고, 또 실천해 나가는 데 자극이 되기도 하며, 빨리 실천하고 싶은 욕구도 생기게 된다. 무엇보다 공부만 하기에는 너무 힘들고 중간에 포기하고 싶을 때가 오기 마련인데, 이렇게 재밌고 행복한 계획들을 같이 세우면 계획을 수행하기가 한결 수월해진다.

장기 계획을 세운 후에는 1년씩 단기 계획을 세우게 되는데, 이때 다각도의 '나'의 모습을 녹여 계획에 포함시키면 된다. 그리고 계획한 바를 완료했을 때에는 그 항목 위에 빨간색 줄을 긋는다. 연말이 되어 지난 한 해를 되돌아보게 될 때, 계획이 아직 마무리되지 않았다면 다음 해로 이월시켜도 무방하다. 그러나 그럴 경우에는 언제까지 수행하겠다는 마지노선을 세우는 것이 좋다. 그래야 나태해지지 않고 계속 정진할 수 있다.

CHARMING
POWER

매력의 향기

우리는 때때로 상상했던 것, 예상했던 것이 뒤집히는 것을 보았을 때
상대방에게 오묘한 매력을 느낀다.
화려한 연예인이 겉치레를 하지 않고 수수함을 보일 때,
카리스마 넘치는 여성 리더가 사석에서 애교 섞인 모습을 보일 때,
권위적이기만 했던 CEO가 어린아이들에게 한없이 인자한 모습을 보일 때,
냉혈한으로 보이던 직장상사가 남몰래 봉사하러 다니는 모습을 발견했을 때,
우리는 그에 대한 시선이 바뀌며, 그에게 매력을 느낀다.

매력의 빛
香氣

: 스스로에게 마법을 걸다

우리는 매일 TV에서 매력적인 연예인들을 본다. 한눈에 확 끌리는 외모를 가진 연예인도 있지만, 외모는 평범하거나 그 이하임에도 왠지 모르게 끌리는 사람이 있다. 특히 남자 연예인들 중에는 눈에 띄는 외모의 연예인보다 그 나름대로의 매력으로 승부를 거는 연예인들이 꽤 많다. 나는 후자의 연예인들에게서 매력을 느낀다. 그들은 본인 스스로의 장점을 찾아 자기만의 매력을 만들고 그것을 무기로 대중에게 어필했다는 것만으로도 박수를 받아 마땅하다. 그러나 처음부터 본인의 매력을 찾기는 쉽지 않다. 그러니 우리는 내 스스로의 내면을 찬찬히, 그리고 깊숙이 바라볼 필요가 있다.

나의 장점은 무엇인가?

나만의 매력은 무엇인가?

나는 어느 때 가장 빛이 나는가?

보통 많은 사람들은 매력적인 사람이라고 하면 외모가 출중한 사람을 떠올린다. 그러나 사실은 그렇지가 않다. 이런 말도 있지 않은가?

'얼굴 예쁜 아내는 10년, 착한 아내는 20년, 음식 잘하는 아내는 평생 간다!'

결국 얼굴만 예쁜 아내보다는 착한 마음을 가진 아내가, 착한 마음을 가진 아내보다는 음식을 잘하는 장점을 가진 아내가 더 매력적이라는 말이다. 그러니 우리, 외모에 너무 집착하지 말자. 한 사람 한 사람, 모두 다 제각각 본인들만의 장점이 있기 마련이다. 그것을 어떻게 나만의 매력으로 승화시키느냐가 관건이다.

이 세상 모든 사람은 단점과 장점을 골고루 가지고 있다. 다만 우리에게 매력적으로 보이는 사람들은 본인의 장점이 무엇인지 알고, 그 장점을 더 강조하고 있을 뿐이다.

마케팅 용어 중에 내가 가장 좋아하는 말이 있다.

'강점 강화, 약점 약화!'

이 말은 소비자들이 자사의 상품을 많이 선택하게 하기 위해서 상품의 강점은 더 강하게 부각시키고 약점이 있다면 최대한 드러나지 않게 하라는 말이다.

난 이 말을 늘 내 자신에게 대입시켜 본다.

'내가 남들보다 나은 강점은 무엇일까?'

'나는 내 자신이 언제 가장 대견해 보이지?'

그런 생각을 하며, 거울 앞에서 혼잣말을 한다.

"나는 정말 괜찮은 사람이야. 왜냐하면 나는 OOO 하잖아!"

그리고 자기암시를 계속한다.

"음, 이 정도면 예쁜 편이야!"

"나는 매력이 넘쳐!"

"난 내 일을 너무 사랑해. 두고 봐, 난 누구에게나 모범이 되는 최고의 승무원이 될 거야!"

거울을 보며 매일매일 스스로에 대한 칭찬을 소리내어 말하며 마법을 건다. 그런데 신기한 점은 이 마법이 다른 사람에게도 걸린다는 점이다.

누차 밝혔지만 나는 지극히 평범하고 타고난 장기도 없었다. 성격도 그리 좋다고만은 할 수 없다. 그러나 곰곰이 생각해 봤다. 나의 장점은 무엇일까?

내 장점은 '무언가 해야 할 일이 생기면 굉장히 노력한다는 것'이다. 이 장점은 가진 것이 별로 없다보니 생기게 된 것일 수도 있다. 또한 무언가를 위해 열심히 노력했더니 결과가 좋았다는 체득에 의한 것일 수도 있다. 그렇다 할지라도, 노력한다는 것은 말처럼 쉬운 것이 아니다. 인간에게 가장 큰 적은 '귀찮다', 즉 게으름이라는 말이 있다. 나라고 노력하는 게 쉬웠겠는가? 그럴 때마다 거울 앞에 섰다. 그리고 나에게 말했다.

"난 꼭 OOO을 이루고 말 거야! 난 항상 뭐든 열심히 달려들어 노력하잖아! 노력하는 사람은 아름답다잖아! 이게 내 최고의 매력이야. 이렇게 노력하는데 그까짓 거 안 되겠어? 언젠가는 될 수밖에 없어. 그러니 오늘도 조금만 더 힘내자, 파이팅!"

내 스스로가 늘 '열심히 사는 내 모습이 나의 매력'이라고 떠들면서 어찌 엄살을 피우고 일을 앞에 두고 미적거리겠는가? 그렇게 얘기하는 것이 스스로 대한 다짐이 되기도 하지만, 무엇보다 자기암시라는 측면에서 효과가 좋다.

그런데 신기한 것은, 내 주위에 있는 많은 사람들이 나에게 이렇게 말한다는 것이다.

"넌 뭐든 열심히 해서, 그게 참 보기 좋아."

"난 네가 열정적으로 노력하는 모습이 그렇게 매력적으로 보이더라."

스스로에게 했던 자기암시를 주위 사람들을 통해 다시 듣게 된다. 이것이 마술 같은 상황이 아니고 무엇이겠는가?

내 스스로의 매력을 찾아 그것을 더욱 극대화시킨다면 그것이 바로 당신의 최고의 매력 포인트가 될 것이다. 자, 이제 핸드폰을 내려놓고, 인터넷을 끄고 내 자신의 내면을 깊숙이 파헤쳐 들어가 보자. 과연 나의 장점은 무엇이고, 나는 그것을 어떻게 발전시켜 나갈 것인가?

이렇게까지 얘기했는데, "아무리 찾고 또 찾아도 나는 나의 장점이 없는 것 같아요!"라고 말하는 사람도 있을 수 있다. 그렇다고 낙담할 필요는 없다. 본인의 장점이 없는 것이 아니고, 다만 그 장점을 찾지 못한 것이다. 이럴 경우에는 또 한 가지 방법이 있다.

'나는 어떤 사람이 되고 싶은가?'

'나는 어떤 매력을 가진 사람이 되고 싶은가?'를 생각해 보는 것이다.

이 세상 많은 사람들은 이성에 대한 이상형을 늘 얘기하곤 한다.

"한석규처럼 가정적이고 온화한 미소를 가진 남자가 내 이상형이야!"

"박해일처럼 지적인 이미지를 가진 사람이 내 이상형이야!"

"가수 션처럼 따뜻한 마음을 가진 사람이 내 이상형이야!"

그런데 정작 여러분은 여러분 자신이 되고 싶은 이상형에 대해서는 생각해 본 적이 있는가?

자, 다시 자신의 내면을 깊숙이 파헤쳐 들어가 보자. 나는 내가 어떤 사람이 되었으면 좋겠는가? 어떤 사람처럼 되고 싶은가? 그 답을 찾아가 보자.

그 답을 찾았다면, 이제 실행할 차례이다. 예를 들어, '나는 션처럼 따뜻한 마음을 가진 사람이 될 거야!'라고 생각했다면, 마음이 따뜻한 사람의 기준이 무엇인지, 또 어떻게 살아가는지 살펴보고 실행에 옮기면 된다. 아프리카 아이들을 위해 내 용돈을 아껴 기부를 한다든가, 주말마다 장애인 시설에 방문하여 빨래 봉사를 한다든가, 가정환경이 어려워 낮에는 일하고 밤에 학교를 다니는 학생들을 위해 야간학교에서 봉사를 한다든가, 여러 가지 방법이 있을 것이다. 이를 실천하면 된다. 그러면 당신은 마음이 따뜻한 사람이 될 것이며, 당신이 행하는 따뜻한 나눔의 실천들이 당신을 그 누구보다 멋지고 매력적인 사람으로 만들어 줄 것이다.

매력 찾기를 너무 어렵게 생각하지 않았으면 한다. 당신의 매력은 이미 당신 안에 존재하고 있다.

: 코끼리에게 되묻다

태국 여행을 가면 대부분의 관광코스에 '코끼리 쇼'가 포함되어 있다. 코끼리 쇼는 코끼리가 음악에 맞춰 춤을 추거나 재롱을 부리고, 코로 바나나를 들어서 삼키는 모습을 보여주는 것이 거의 전부다. 그리고 추가로 돈을 지불하면 코끼리의 등에 타고 동네 한 바퀴를 도는 특권이 주어진다. 나는 그 코끼리를 볼 때마다 참으로 안타깝고 불쌍한 마음이 든다. 차라리 차악의 선택으로 동물원에라도 있으면 저런 고생은 하지 않을 텐데라는 생각이 드는 것이다. 그들의 모습에 때로는 눈을 감아버리고 싶을 때도 있다.

더 안타까운 건 코끼리들의 기본 습성이다. 그곳의 코끼리는 태어났을 때부터 쇼 훈련을 받는다. 조련사들은 어린 코끼리가 도망가지 못하도록 발목에 크고 무거운 쇠사슬을 묶어 놓는다. 처음에는 답답해서 그 쇠사슬을 끊기 위해 안간힘을 써보지만 아무리 해도 그 쇠사슬이 풀리지 않음을 경험을 통해 알게 되고 그것을 머릿속에 새긴다. 이후 수년이 지나면 코끼리의 몸무게는 약 5톤이나 나갈 정도로 거대해진다. 마음만 먹으면 언제든 그 쇠사슬을 풀 수 있는 힘을 지니게 되는 것이다. 그러나 코끼리는 쇠사슬을 풀어보려고 시도조차 하지 않는다고 한다. 과거에 몇 번 시도해봤는데 안 되었기 때문이다. 이미 심적으로 포기한 것이다.

참 불쌍하고 안타깝다. 내가 코끼리의 언어를 할 수 있다면 말해주고 싶었다.

"도망가! 도망갈 수 있어! 정글로 가서 편히 살아!"

내 말의 요지는, 혹시 우리는 스스로의 발목을 보이지 않는 쇠사슬로 묶고 있는 건 아닌지 생각해 보자는 것이다.

나는 전문대학 출신이다. 그것을 단 한 번도 부끄럽게 생각한 적이 없었다. 그것이 그 당시 내가 할 수 있는 최선의 선택이었기 때문이다. 그 이후 내 이력을 전문대 졸업생으로 끝내고 싶지 않아 4년제 대학교 졸업을 위해 승무원 생활과 병행하며 할 수 있는 방송통신대학교에 입학한 것이다. 학사 학위를 얻고 나니 석사 욕심이 났고, 석사학위를 따자 박사학위가 욕심이 났다. 박사학위를 얻고 나니 교수가 되고 싶었다. 그래서 지금은 항공서비스과 교수가 되었다.

사람들은 나에게 그 비결에 대해서 많이 물어본다. 불규칙적이고 힘든 비행생활을 하면서 어떻게 그 힘든 걸 다 해냈냐고. 힘들지 않았느냐고.

나는 오히려 되묻고 싶다.

"왜 해보지도 않고 나한테 묻는 거죠?"

해보지도 않고 그게 힘이 드는지, 힘이 들면 얼마나 드는지, 해 볼 만한 건지 아닌지, 어떻게 알 수 있단 말인가? 이 세상에 쉬운 일이 뭐가 있나? 누군가는 공부가 세상에서 제일 쉬웠다고 하는데, 나는 공부가 진짜 어려웠다. 직장생활을 하면서 학업을 병행한다는 건 때론 도망가고 싶을 정도로 고됐다. 가끔 내 몸이 지하로 꺼져 없어졌으면 좋겠다 싶을 정도로 지치고 힘이 들 때가 있었다.

특히 출석을 몹시 중시 여기는 교수님을 만났을 때는 그런 생각이 극에 달했다. 승무원인 내가 매 수업을 모두 출석하기란 쉽지 않았다. 아니 불가능했다. 그러나 이해받지 못했다.

"자네 그 나이에 벌써 팀장을 달았다면서? 팀장이 스케줄 조정도

객실 사무장 시절, 사랑하는 나의 팀원들과 함께.
나는 후배 승무원들에게 늘 모범이 되는 선배가 되고 싶었다.
매사 노력하는 모습, 철저한 자기관리, 위기 상황에서 책임감 있는 모습…
그러나 무엇보다 함께 일할 수 있어 기뻤었고,
행복했었다는 것을 알아주길 바란다.

못하나? 학교를 그만두든지 아니면 직장을 그만두게. 이런 식으로 박사학위를 딴다면 학교의 명예가 실추되는 일이야."

팀장의 자리란 나만이 아닌, 내 팀원 전부를 챙겨야 하는 자리다. 내 학업 때문에 내 마음대로 스케줄을 조정한다는 것은 있을 수도, 있어서도 안 되는 일이다.

해외 비행을 갈 때에는 항상 노트북을 들고 다니며 공부를 했다. 하루에 2~3시간밖에 자지 못한 날도 많았다. 오죽했으면 회사 내에서 김모란 팀장은 쇼핑을 가장 싫어하는 팀장이라는 소문이 났겠는가? 하지만 나도 여자다. 쇼핑을 싫어할 리 만무다. 다만 밖에 나다닐 시간이 없었을 뿐이다. 하지만 나의 이런 상황을 이해시킨다는 것 자체가 구차하게 느껴졌다. 그런 말을 듣던 당시 나는 이미 몸과 마음이 모두 피폐해져 있었다. 그리고 차라리 교통사고라도 났으면 좋겠다는 생각까지 했었다. 그러면 병원에 입원할 수 있을 것이고, 그것을 빌미로 수업을 빠짐없이 들을 수 있다는 생각이 들어서였다. 그 정도로 나는 압박감에 시달렸다.

어렵다. 무지 어렵다. 그게 뭐든 자기 자신을 향상시키기 위한 행위는 모두 어렵다.

어떻게 내 입맛에 딱 맞는 일이 있을 수 있으며, 상황이 내 편한 대로 흘러가겠는가? 어렵지만, 힘들지만, 좋은 날을 기다리며 한 발 한 발 묵묵히 갈 뿐이다. 나의 능력의 한계를 두지 말고, 겁먹지 말고 맞서는 것이다. 그것이 우리처럼 많은 것을 가지지 못하고 태어난 이들의 숙명이다. 내 아버지가 재벌 총수가 아닌 다음에야 그 누구도 한 번에 열 발자국을 갈 수는 없다. 그러니 이젠 더 이상 남의 성공을 부러워만 하지 말고, 열정적으로 꿈을 향해 나아가자. 그러면 자신의 인생이 보이고 성공할 수 있는 시기도 보일 것이다.

연애의 경험은 누구나 다 있을 것이다. 한창 사랑에 빠졌을 때를 생각해 보자. 보통 이 시기엔 아침에 눈을 뜨자마자 연인 생각이 난다. '잠은 잘 잤을까?', '지금 뭐하고 있을까?', '점심시간인데 점심은 먹었나? 뭘 먹었을까?', '퇴근 시간인데 집에는 잘 갔나?', '언제 만나지? 빨리 보고 싶다!' 등 온통 연인에 대한 생각으로 하루를 보낸다.

나는 여러분의 꿈을 애인이라고 생각하길 바란다. 자신의 꿈을 애인처럼 늘 곁에 두고 잊지 말기 바란다. 자신의 꿈을 가까이에 두고 항상 염려하고 아껴야 한다. 아침에 눈뜨면 자신의 꿈을 생각하고 시시때때로 꿈을 향해 어떤 일들을 해 나가야 할지, 어떻게 하면 꿈을 더 빨리 이룰 수 있을지 생각해야 한다. 이렇게 꿈을 늘 잊지 않고 곁에 둔다면, 그 꿈도 갈 길을 잃지 않고 여러분의 주위에 항상 있을 것이다.

'내가 꿈을 배신하지 않는 한, 그 꿈도 날 배신하지 않는다.'

나의 꿈을 잊지 않고, 매일 그 꿈을 향해 열정적으로 노력하는 모습이야말로 정말 멋진 매력 포인트가 아니고 무엇이겠는가?

: 꿈을 찾는 남자

　인생을 후회 없이 살 수 있을까? 나는 아직 이 질문에 답을 할 수 있는 나이는 아닌 것 같다. 그러나 내가 보아 온 한 분은 이 대답을 몸으로 실천하고 있다.

　몇 해 전 이집트로 비행을 한 적이 있다. 10여 년 가까이 비행을 한 시점이었지만 이집트로의 비행은 처음이었다. 당연히 설렜다. 돌아오기까지의 체류 기간은 3일, 이 기간 동안 그간 영화나 다큐멘터리에서나 보아왔던 이집트를 최대한 많이 보고 온다는 계획을 잡았다. 국내든 해외든 도착하자마자 노트북을 꺼내놓고 공부를 해왔던 나로선 오랜만에 즐기는 여유였다. 이왕 쉬는 거 확실히 쉬자는 마음으로 수많은 관광코스 중 사막투어를 선택했다.

　그림으로만 보았던 사막에 직접 들어가 텐트를 치고 하룻밤을 보내고 오는 짧은 스케줄이었는데, 나는 그곳에서 '하늘에서 별이 쏟아진다.'라는 표현이 왜 나왔는지 온몸으로 느낄 수 있었다. 밤하늘은 어둠이 아니라 별로 온통 뒤덮여 있었다. 하늘을 보고 누워 있자니 눈이 아릴 지경이었다. 당연히 잠이 오지 않았다. 사막의 밤은 황홀함 그 자체였다.

　같이 갔던 회사 동료들 말고도 중간 지점에서 합류한 한국인 여행자들이 있었는데, 대부분 방학을 이용해 여행을 온 대학생들이었다. 해외 오지에서 한국 사람들을 만나니 그만큼 반가움은 더 깊었고 우리들은 급속도로 친해졌다. 자고 싶지 않은 마음은 마찬가지라 사막 한가운데에 모닥불을 피워놓고 노래를 부르고 게임도 하면서 도망가는 시간을 잡아 놓으려 애썼다.

자연스레 서로의 이름과 나이를 알아가면서, 각자 왜 이곳으로 여행을 오게 되었는지에 대해 이야기를 나누기 시작했다. 그 중 군대를 다녀온 복학생처럼 생긴 한 친구의 자기소개가 인상적이었다.

"저는 홍대 앞에서 조그마한 소극장을 하고 있습니다. 학생들이 학교를 다니는 학기에는 저도 열심히 일을 하고, 학생들의 방학 기간에는 벌어놓은 돈으로 최대한 많은 곳을 여행하고 있습니다. 특히 오지를 좋아합니다."

그의 말에 '부럽다!'라는 감탄사가 나왔다. 누구나 꿈만 꾸고 마는 일을 그는 이미 행하고 있었다. 그의 여행 방법 또한 경이적이었다. 여행사의 프로그램은 전혀 이용하지 않고 본인이 가고 싶은 곳에 가서 있고 싶은 만큼 머무르며 현지인과 같이 생활하는 것이 그의 여행법이었다. '나 어디 가 봤어.' 하고 내세우는 여행과는 차원이 다른 듯했다. 낯선 환경에 적응할 수 있는 능력도 중요하겠지만 무엇보다 새로운 것에 대한 두려움이 없어야 가능한 일이었다. 거기에 가는 곳의 속살을 속속들이 들여다보는 각별함까지 녹아 있었다.

본인이 원하는 삶이 무엇인지 분명히 알고 온전히 계획한 대로 살아가는 그가 멋있어 보였다. 누구나 다 좋은 직장에 취직할 수는 없다. 또 좋은 직장에 다닌다고 해서 행복한 것은 아니다. 마찬가지로 모든 사람이 돈을 많이 벌어야만 행복해지는 것도 아니라고 생각한다. 본인이 가장 행복한 때를 알고, 본인이 가장 보람을 느끼고 재미를 느끼는 일을 하며 후회 없는 삶을 사는 것이 바로 진정한 행복이 아닐까?

몇 해가 지나 우연히 그와 연락이 닿아 근황을 물어보니, 소극장 사업을 접고 여행업으로 직업을 바꾸었다고 했다. 취미가 직업이 된 경우이다. 노는 것처럼 일하고, 일하는 것을 진심으로 즐기는 것, 이것이야말로 직업을 즐기는 최선의 자세가 아닐까 싶다.

그를 안 이후 나는 무슨 일을 하기 전에 망설여질 때면 이렇게 내 자신에게 물어본다.

'내가 지금 이걸 안 하면 내 나이 60이 되었을 때 후회할까?'

그러면 그 일을 해야 하는지 말아야 하는지 답이 딱 나온다.

내 인생은 누가 대신 살아줄 수 없고, 되돌릴 수도 없으며, 두 번 살 수도 없다. 그렇다면 매 순간을 후회 없이 살아야 하지 않을까?

나는 시간을 규모 있게 사용하려고 애쓴다. 한정된 시간 내에 많은 것을 하려다보니 주위 사람들은 나에게 욕심이 너무 많은 것 아니냐고 눈총을 주기도 한다. 그렇지만 오랜 시간 동안 직장생활과 학업을 병행해 왔던 나는, 솔직히 무언가 한 가지만 하고 있으면 왠지 허전하다. 하다못해 헬스클럽에라도 가서 운동이라도 하고 와야 그나마 시간을 허비하지 않고 있다는 생각이 든다.

이런 나에게 한 후배가 눈을 흘기며 말했다.

"언니! 언니는 왜 인생을 그렇게 힘들게 살아? 자기 몸을 너무 혹사시키지 말고 좀 놔둬요!"

그 후배가 괜히 그렇게 이야기를 했겠는가? 나를 위하는 마음이 있어 그런 말을 한다는 걸 모르는 바는 아니다. 그런데 이게 나의 삶의 스타일이 되어버렸는데 어쩌란 말인가. 게다가 나는 주위에서 그런 말을 해줄 때 속으로는 쾌감을 느낀다. 내 삶에 집중하고 살고 있다는 증거이기 때문이다.

: 별은 스스로 빛난다

나는 피아노를 치던 시절에도, 그리고 첼로를 켜던 시절에도 특정 연예인을 좋아해 본 적이 없다. 또래들은 자신이 좋아하는 연예인의 대형 브로마이드를 자기 방에 붙여놓는 일이 다반사였고 사진을 코팅해 가지고 다니기도 했다. 조금 과한 경우에는 좋아하는 연예인의 생일, 좋아하는 음식 등 사소한 정보도 줄줄 외우고 다니기도 했다. 솔직히 그 친구들이 좀 이해가 가지 않았다. 화면을 통해 비치는 모습은 결국 모두 허구에 지나지 않는다. 더구나 세인들에게 드러난 한 부분만을 보고 좋아하는 감정을 넘어 추종까지 하는 건 나로서는 왠지 어색하게 느껴졌다.

승무원이 된 이후 주변 사람들이 종종 물어오곤 한다.

"비행기에 연예인들도 많이 타죠? 유명한 연예인들 많이 봤겠네요?"

그렇다. 한류 아이돌 스타부터 해외 유명 스타까지 일반인이라면 쉽게 볼 수 없는 스타들을 가까이에서 많이 봤다. 그러나 그들은 내게 다른 승객과 다를 바 없는 그저 다 똑같은 고객일 뿐이다. 연예인이 탔다고 내가 평소와 다르게 서비스를 한다든지, 그 사람을 위해 무언가 더 특별한 서비스를 한다는 것은 상상할 수 없다. 다른 승객과 공평하지 않다는 생각에 결코 특별하게 대하지 않는다. 심지어 사인을 받는 행위마저도 다른 승객에게 소외감을 느끼게 할 수도 있다는 생각에 삼가는 편이다. 그러다보니 간혹 본인이 연예인임을 더 알리고 싶어 하거나, '왜 날 특별하게 대해주지 않느냐!'는 듯한 눈빛을 보내는 연예인도 있었다. 그러나 사람이란 어떤 직업을 가지고 있건 모두 똑같이 특별하다.

몇 해 전, 인천에서 하와이로 가는 비행에서 있던 일이다. 하와이행은 가족여행객이나 신혼여행객들이 많다. 여행지이니 당연하다 하겠다. 그날도 마찬가지로 가족 단위 여행객들과 이제 막 결혼식을 올린 젊은 커플들이 객실을 가득 메웠다. 그들 사이로 비즈니스 클래스에 수수한 옷차림을 한 젊은 여성이 혼자 탑승했다. 나는 평소와 같이 탑승인사를 하러 그 승객에게 다가갔는데, 가까이에서 보니 배우 김윤진 씨였다. 그녀는 영화 〈쉬리〉로 우리나라에서 일찌감치 인기스타 대열에 합류했는데, 당시는 미국 드라마 〈로스트〉의 출연으로 전 세계에 이름을 알린 월드스타 반열에 올라 있었다. 연예인들은 비행기에 탑승할 때에 대부분 얼굴을 반쯤 가리는 큰 선글라스와 모자를 푹 눌러쓰고 매니저, 코디와 같은 스태프들과 함께 무리 지어 들어오는 것이 대부분인데, 그녀는 그 흔한 선글라스도 없이 청바지에 티셔츠 차림으로 편안하게 혼자 들어왔다. 그래서 가까이 다가갈 때까지 나는 그녀를 전혀 알아보지 못했다. 나는 진심으로 놀라 물었다.

"어머, 김윤진 씨 아니세요? 이렇게 만나 뵙게 되어 영광입니다. 저는 이번 비행의 서비스를 책임지고 있는 사무장 김모란이라고 합니다."

그녀는 내 인사를 반갑게 받아주었다.

"아, 안녕하세요? 반갑습니다."

그 아름다운 얼굴에 은은한 미소가 번져 있었다.

"혹시 〈로스트〉 촬영하러 가시는 거예요? 저 〈로스트〉 팬입니다."

사실 나는 그 드라마를 제대로 본 적이 드물었지만, 기사를 통해 그녀의 근황은 잘 알고 있었다.

"아, 그러세요? 감사합니다. 하와이에 촬영이 있어서 지금 가는 길이에요."

부드러운 미소, 그녀는 타인에 대한 친절이 몸에 밴 사람이었다. 말투 또한 월드스타답지 않게 참 공손했다. 어디를 봐도 그녀가 할리우드 여배우라는 생각이 들지 않을 정도로 수수했다. 몇 차례 인사말이 오고 가는 동안 나는 그녀가 내가 지금껏 보아왔던 연예인과는 많이 다르다는 것을 알 수 있었다.

사람들이 흔히 말하는 '연예인병'은 실제로 존재한다. 말이나 행동에서 의미없는 과장과 부질없는 도도함을 드러내는 경우를 허다하게 보아 왔다. 그러나 그녀에게는 가식이란 것이 없었다. 그렇다고 내가 그녀에게만 특별한 서비스를 더 제공했다는 것은 아니다. 다만 그녀에게서 눈을 뗄 수가 없었다. 객실에서 그녀를 알아보는 다른 이들에게도 그녀는 최대한 겸손한 표정으로 듣고 조심스럽게 말을 건넸다.

비행기에서 내리기 전 그녀의 모습에 나는 또 한 번 놀라지 않을 수 없었다. 내릴 준비를 하느라 간단하게 화장을 고치는 모습을 우연치 않게 보았는데, 나도 여자인 터라 그녀가 쓰는 화장품에 시선이 갔다. 그처럼 유명한 사람이니 뭔가 특별한 화장품을 쓸 거란 생각은 오산이었다. 그녀는 정말 의외의 브랜드를 사용하고 있었다. 미국 브랜드이긴 했지만 명품과는 거리가 먼 대중적인 화장품이었다. 사실 김윤진 씨가 사용하고 있던 콤팩트는 나와도 인연이 있었다. 한참 전에 나는 그 화장품을 선물 받은 적이 있었다. 나는 선물을 받았다는 고마움을 뒤로 한 채 '어머, 나를 이 정도로 생각했었구나.'라고 생각했었다.

생각이 거기에 미치자 내 자신이 너무 부끄러웠다. 스스로를 검소하다고 생각해왔지만 그 얼마나 허영 가득한 생각이었던가. 나도 모르는 사이 외적으로 보이는 것에 너무 집착했던 것은 아니었나, 그렇게 스스로를 반성하게 되었다.

　김윤진 씨의 매력은 그녀의 연기력과 외적 아름다움만이 아니었다. 겉으로 보이는 수수함과 겸손에도 전혀 가식이 없었다. 단순히 그녀가 사용하는 화장품만으로도 능히 짐작할 수 있었다. 할리우드 여배우인 그녀가 예상대로 화려하기만 했다면 나는 그녀를 그저 '미국에서 성공한 한국 여배우' 정도로만 기억하고 있었을 것이다. 그런데 그녀에게는 '수수함과 진실함'이란 반전의 매력이 있었다.

　우리는 때때로 상상했던 것, 예상했던 것이 뒤집히는 것을 보았을 때 상대방에게 오묘한 매력을 느낀다. 물론 그것은 어디까지나 긍정적인 방향일 때 그렇다.

　화려한 연예인이 화려한 겉치레를 하기보다는 수수함을 보일 때, 카리스마 넘치는 여성 리더가 사석에서는 여느 여인과 마찬가지로 애교 섞인 모습을 보일 때, 언제나 권위적이기만 했던 CEO가 지나가는 어린아이들에게 한없이 인자한 할아버지의 모습을 보일 때, 찌르면 피 한 방울 안 나올 것만 같은 직장 상사가 남몰래 장애우 단체에 봉사하러 다니는 모습을 발견했을 때 우리는 그에 대한 시선이 바뀌며, 그에게 매력을 느낀다.

　나에게는 어떤 반전이 있는가? 오늘 한번 곰곰이 생각해 보자.

매력의 결정

香氣

: 진심의 배꼽 인사

막역한 회사 동료가 있다. 입사할 때부터 오빠 동생하며 친하게 지냈던 사람이었는데, 한참을 떨어져 지내다가 10여 년의 세월이 흘러 팀장과 부팀장의 관계로 다시 만났다. 입사 초기에는 그나 나나 비행기에 '비'자도 모르던 햇병아리 시절이었으므로 서로 업무 스타일이 어떤지도 몰랐고, 또 시간이 훌쩍 지나 만나보니 어색하기도 했다.

그러나 어색함은 오래가지 않았다. 채 한 달이 지나지 않아 예전의 사이로 돌아갔다. 나는 그것이 오래 전부터 알고 지낸 사람이기에 가능했다고 생각했다. 공식적으로는 그가 팀장이었고 나는 부팀장의 직책이었으므로 그가 나의 직속 상사이기는 했으나, 나는 그를 상사라기보다는 입사 동기로 대했다. 솔직히 만만히 보았던 것이다. 그러나 시간이 지나면서 나는 자연스럽게 그를 존경하고 따르는 자신을 발견했다. 그에게는 팀장일 수밖에 없는 능력이 있었다.

그는 객실 서비스의 총책임자임에도 불구하고 누구를 만나든 늘 고개를 먼저 숙였다. 비행기에서 청소하는 아주머니에게도 먼저 인사하고, 청소부 아주머니가 일하고 나갈 때면 "고생 많으셨어요, 음료수 한잔 하시고 가세요."라며 팔을 잡고 물 한잔, 음료수 한잔을 권했다. 아는 사람이건 모르는 사람이건 지나가는 모든 직원에게 밝고 우렁차게 먼저 인사를 하고 늘 웃었다.

그의 사전에는 반말이 없었다. 아랫사람에게도 늘 존대를 하고, 처음 같이 일하는 동료들에게는 어색해 할까봐 먼저 가서 썰렁한 농담을 건넸다. 그와 같이 일하는 동료들은 썰렁하다고 핀잔을 주곤 했지만 그래도 꿋꿋이 썰렁한 농담을 하고 팀원들에게 눈총을 샀다. 사실, 그가 권위적인 리더였다면 그런 반응을 보일 수도 없었을 것이다.

처음에는 예전에도 그랬듯 '참 성격이 좋은 사람'이라는 생각뿐이었다. 그러나 시간이 지나면서 바로 그 점이 그만의 내공이라는 생각으로 바뀌었다. 본인이 아무리 성격 좋은 사람이라도 아랫사람에게 먼저 인사받고 대접받기를 바라는 것이 사람의 기본 심리이다. 그건 나도 마찬가지였다. 한 해, 두 해 시간을 그냥 건너온 것이 아니었다. 부딪치고 싸우고 스스로를 이겨나가며 쌓아온 세월이었다. 당연히 후배들에게 대접받고 회사로부터는 인정받고 싶은 생각이 든다. 특히 자신이 직접 관리해야 하는 팀원들에게는 자신의 권위를 알아서 지켜주기를 바라는 마음이 있다. 그렇기에 그의 행동이 놀라웠다. 그는 고객을 대하듯 모든 사람을 대했다. 언제 어디서나 늘 공손하고 친절한 그의 모습에 나는 진심으로 우러나오는 존경심을 부정할 수 없었다.

나는 지위가 올라가면 올라갈수록 내 지위를 이용하여 다른 이들의 위에서 군림하고 싶어지지 않을까 늘 조심하며 신경을 쓰는 편이라고 자부했다. 그러나 그를 만난 이후 조금 더 조심스러워졌다. 나도 모르게 저지르게 되는 사소한 말실수로 주변 사람들에게 상처를 줄 수도 있다는 생각을 하며, 나 자신을 낮추려고 노력한다.

직장생활을 하면서 터득한 여러 가지 것 중 하나가 바로 그것이다. 스스로를 높이려고만 하면 주위에서는 날 짓밟으려 하고, 스스로 낮추려고 하면 주위에서 날 높여주려 한다는 것이다.

잘난 척은 금물이다. "여러분 그거 아시죠? 이번에 새로 만든 우리 회사 업무 시스템, 그거 이번에 내가 다 만든 거잖아요."라고 하면서 잘난 척하면 듣는 사람들이 겉으로는 표현하지 않더라도 속으로는 비아냥거리기 마련이다. 반면, "제가 한 일이 뭐 있나요? 제가 안 가르쳐도 팀원들이 다 알아서 척척 잘해주니까 제가 그냥 따라가는 거죠."라고 이야기하면 오히려 상대방이 날 높여준다.

높은 곳으로 올라가고 싶은가? 꿈은 높게 갖되 허리를 굽히고 고개는 숙여라!

: 노력을 이기는 힘

'천재는 노력하는 자를 이길 수 없고, 노력하는 자는 즐기는 자를 이길 수 없다.'는 말이 있다. 나는 이 말에 100% 동의한다. 자기의 타고난 능력만 믿고 노력하지 않는 사람은 부단히 노력하는 사람에게 언젠가는 뒤처지게 되며, 책임감만으로 노력하는 사람은 그 일을 진심으로 사랑하고 즐기는 사람을 결코 이길 수 없다.

승무원 생활이 3~4년 정도 되었을 때였다. 그때까지 나에게 비행이란 돈을 벌기 위해 '꼭 해야 하는 일'이었다. 주어진 비행 스케줄에 따라 할당된 업무를 차질 없이 진행하는 것만으로도 버거웠다. 그저 오늘 하루도 무사히 지나는 것만이 내가 바라는 일이었다. 경영학을 공부하고 재미있어 하면서도 어디까지나 학문일 뿐 그것이 일에 녹아들어 발현되지 않았다. 잘하는 사람들을 보면 '쳇! 오버하고 있네!'라며 오히려 눈을 흘기는 한심한 무리 중 하나였다.

그러던 중 강 선배를 만났다. 그녀와 함께 6개월간 비즈니스 클래스를 담당했었는데, 그녀에 대한 첫인상은 밝은 사람이라는 정도였다. 그녀의 목소리는 항상 또렷하고 맑았으며 상대방이 무슨 말을 하면 반드시 밝게 웃어주었다. 그리고 손이 빠르고 완벽했다. 본인의 일을 다 끝내놓고는 항상 후배인 내 일까지 챙겨주었다. 어느 샌가 나는 그녀와 함께 비행을 하는 것을 기다리고 있었다. 왜냐하면 그녀와 함께 있으면 저절로 힘이 났고, 즐거웠기 때문이다.

그녀는 알면 알수록 놀라운 사람이었다. 당시 회사에서는 '서비스 매뉴얼'이라는 가이드라인을 정해놓고 그대로 서비스를 하라고 지시했는데 나는 그것을 따르는 것도 벅찼다. 그러나 그녀는 그 매뉴얼이 필요가 없는 사람이었다. 그녀를 바라보고 있노라면 그녀의 고민이 보였다.

'어떻게 하면 지금보다 보다 나은 서비스를 할 수 있을까?'

그 선배는 늘 고민하고 좋은 아이디어가 있으면 바로 실행했다. 그리고 나서는 내게 물었다.

"모란 씨, 이렇게 해보니 어떤 것 같아? 예전보다 더 나은 것 같아? 승객들 반응이 더 좋지 않아?"

신기한 점은 그뿐만이 아니었다. 비행이 끝나면 승객들은 항상 그녀에게 명함을 내밀었다. 승객에게서 명함을 받는 것은 금기였다. 회사에서는 승무원들이 외부에서 승객과 만나는 것을 극도로 꺼렸다. 그러나 그 선배는 명함을 쌓아 모아두는 상자가 있을 정도였다. 그렇다고 그녀가 외부에서 승객을 만나는 것도 아니었다. 그저 상대방의 입장이 있으니 예의상 받아두는 것이었다. 승객들이 그 선배에게 명함을 주는 이유는 한결같았다.

"오늘 서비스 감사했습니다. 덕분에 정말 편안하게 와서 제가 감사의 표시로 식사 대접이라도 하고 싶네요. 꼭 연락 한번 주십시오."

비즈니스 클래스에 탑승하는 승객은 대부분 비행과 친숙한 사람들이다. 그런 그들에게 감사를 받는 것은 누구나 가능한 일이 아니다. 더구나 감동을 주기란 어지간해서는 불가능하다. 참고로 나는 그때까지 단 한 번도 승객에게 명함을 받아 본 적이 없었다. 그만큼 나의 서비스는 고객에게 감동을 주지 못했던 것이다.

나는 그녀를 더 유심히 살펴보았다. 그리고 내린 결론은 '친근함이 주는 편안함'이었다. 강 선배는 승객에게 인사하는 방법도 남들과는 달랐다. 다른 선배들은 승객들에게 첫 대면 인사를 할 때, "안녕하십니까? 오늘도 편안히 모시겠습니다."라는 획일화되고 정형화된 인사를 반복했는데, 그 선배는 절대 같은 인사말을 전하지 않았다. 그녀의 머릿속에는 승객에 대한 정보가 이미 입력(승무원은 탑승 전 승객의 직함이 적힌 서류를 미리 받는다.)되어 있었고 승객이 탑승하시면 주저 없이 다가가 인사를 건넸다.

"김 회장님, 어서 오십시오."

"이 전무님, 안녕하십니까?"

"최 본부장님, 어서 오십시오."

이런 인사를 받고 기분이 나쁠 사람은 없다. 사람은 일단 자신을 알아봐 주면 기분이 좋아진다. 그러면서 자연스러운 대화가 이어진다.

"오늘 비가 와서 공항에 오시는 동안 힘들지 않으셨어요?"

"가족 동반 여행 가시나 봐요? 여행의 첫걸음은 비행기인 만큼 제 어깨가 무거운 걸요? 제가 신경 써서 더 열심히 서비스해드리겠습니다."

그녀의 미소에 상대방도 저절로 미소가 번지고 그들이 있는 공간

16년의 비행생활을 마치고 귀국한 공항에서
함께 했던 동료들에게 퇴임 축하를 받았다.
이 순간만큼은 내가 정말 자랑스러웠다.
동료들에게 퇴임을 축하를 받는 것 만큼
영광스러운 일이 없다는 걸 느꼈다.
앞으로도 후배들에게 자랑스러운 선배가 되도록
끊임없이 노력할 것이다.

이 밝아지는 것을 항상 볼 수 있었다. 반면 나는 고객과의 대화가 늘 어려웠다. 그저 녹음기였을 따름이다.

"안녕하십니까? 어서 오십시오!"

"음료수는 어떤 걸로 드릴까요?"

"식사는 무엇으로 하시겠습니까?"

기내 서비스를 할 때를 제외하고 승객들과 대화라는 것을 해 본 기억이 없었다. 그런 승무원에게 어떤 승객이 매력을 느끼겠는가?

그 선배는 장거리 비행일수록 더욱 힘을 냈다. 승객들이 지칠 때일수록 햇살같이 밝은 표정으로 관심을 보여주고, 안위를 늘 염려해 주었다.

어느 날인가 나는 단도직입적으로 선배에게 물었다.

"선배님, 선배님의 그 친절함은 도대체 어디서 나오는 거예요?"

"내가 친절해 보여? 그렇게 하려고 딱히 의도한 적은 없는데."

"아니에요, 선배님. 선배님은 모든 승객을 정말 살뜰히 챙기시고 늘 최선의 서비스를 하시잖아요?"

"그렇게 봐주니 고마워. 그런데 나는 의도적으로 친절하게 하려고 하는 게 아니라, 그냥 이 일이 정말 즐거울 뿐이야. 나는 비행기에서 일하는 게 정말 행복해."

행복하다고 말하는 그녀의 표정은 진정 밝게 빛나고 있었다.

진심으로 자신의 일을 즐기는 사람, 자신의 일에서 행복을 느끼는 사람에게 서비스 받는 상대는 긍정적인 에너지를 받을 수밖에 없다.

그리고 그 에너지는 한정되지 않고 점점 확산되기 마련이다. 나부터도 항상 그녀와 일하는 시간을 기다리지 않았던가.

당시에는 6개월마다 팀이 바뀌었기에 아쉽게도 그 선배와 헤어지고 다른 팀으로 배정받았다. 그렇지만 한시도 그녀를 잊을 수가 없었다. 특히 아나운서 시험 이후 나는 더 자주 그녀를 떠올리고는 했다. 그 선배의 행동, 말투를 따라하려고 노력했다. 승무원 일을 사랑하면 할수록 그녀의 모습은 더욱 또렷해졌다. 그녀를 따라하는 것이 즐거웠고, 진심으로 일하니 승객들도 내 진심을 알아주었다. 보람을 느꼈다. 그리고 더욱 내 일을 사랑하게 되었다.

"강 선배님, 감사합니다!"

: 수호천사를 찾아라

승무원 업무의 핵심은 '웃음'이다. 웃음으로써 친절함을 표출하기도 하지만 상대방에게 무엇보다 이 기체가 '안전'하다는 것을 말을 대신해 보여줄 수 있는 제2의 언어이기도 하기 때문이다. 그렇지만 어떤 상황에서도 항상 웃음 지어야 한다는 것은 무척 힘겨운 일이다. 승무원은 일의 성격상 24시간 꼬박 눈을 뜨고 있어야 하는 상황도 있다. 이럴 때 때로는 피곤함에 못 이겨 얼굴에서 웃음기가 사라지기도 한다.

승무원은 비행기가 이·착륙할 때에 승객과 마주보는 좌석에 앉는다. 이를 일명 점프시트Jump seat라고 한다. 이 자리에 앉게 되면 아무래도 승객과 가까운 거리에 마주보고 앉게 되고, 그러다보면 소소한 이야기가 오고간다.

"비행은 편안하셨나요?"

"출장 가시는 길이세요? 일정은 며칠이나 되시나요?"

"가족여행 가시는 길이세요? 와, 부럽네요!"

그러나 이건 어디까지나 내가 내 일을 사랑하게 된 이후의 인사다. 피곤한 건 마찬가지였지만 고참 승무원이 된 이후에야 나는 승객들 앞에서는 더 인내하고 더 밝게 웃는 방법을 터득했다. 반면 승무원 생활의 초창기에는 그러질 못했다.

어느 때인가 밤샘 비행을 하고 완전히 녹초가 되어 착륙을 위해 점프시트에 앉아 승객과 마주보고 있었는데, 연세가 지긋한 노신사가 나에게 먼저 말을 건넸다.

"오늘 일이 많이 피곤했나 봐요?"

속으로 뜨끔했다.

"아…… 괜찮습니다."

그 노신사는 내 얼굴을 찬찬히 보며 말을 이어갔다.

"아가씨, 아가씨는 웃으면 참 예쁜 얼굴일 텐데 왜 웃지를 않지요?"

"네?"

정말 쥐구멍이라도 있으면 숨고 싶은 심정이었다.

"아가씨, 아가씨는 웃으면 인생이 바뀔 거예요. 많이 웃어요."
"아, 네……."

얼굴이 화끈거려 도저히 그분을 마주 볼 수가 없었다. 그래도 명색이 승무원인데, 승객에게 웃으라고 지적을 당하다니……. 그 시절 승무원으로서 그렇게 열정을 가지고 있을 때는 아니었지만, 승객에게 그런 이야기까지 듣게 되었다는 것이 창피하고 수치스러웠다.

집에 오는 길에 그 승객이 나에게 했던 얘기를 곰곰이 생각해 보았다. 내가 얼마나 무표정했으면, 내 얼굴이 얼마나 굳어져 있었으면 그런 얘기를 한 걸까? 내가 혹시 자주 그런 모습으로 있었던 건 아닐까? 얼마나 수많은 사람이 나의 그 표정을 보아온 걸까? 그런 생각이 머리에서 떠나지를 않았다.

그날 이후, 나는 아무리 힘든 일이 있어도 승객 앞에서는 절대 무표정한 모습을 보이지 않겠다고 다짐했다. 항상 웃고 있을 수는 없으나 적어도 누군가의 앞에 설 때에는 절대 무표정하거나 굳은 얼굴을 보이지 않겠노라 다짐했다. 그리고 상대방과 대화를 할 때에도 미소를 잃지 않으려고 의식적으로 노력을 했다.

그런 노력들이 서서히 빛을 발한 것일까. 수년이 지난 나는 언제나 잘 웃는 승무원으로 평가받았고 후배들에게는 "에너자이저"라는 별명을 얻게 되었다. 그리고 나에게 서비스를 받는 고객들에게는 "피곤하지 않아요? 밤새우며 일하시면서 어쩜 그리 쌩쌩해요?"라는 말까지 듣게 되었다.

지난 유행어 중에 이런 말이 있다.

"사람이 아니므니다!"

지금 와서 생각해 보면 나에게 '웃으면 인생이 달라질 거다.'라고 말해 준 그 노신사는 사람이 아니었던 것 같다. 아마도 내 수호천사가 아니었을까. 그 말 한마디에 난 표정이 바뀌었고, 인상이 바뀌었고, 인생이 바뀌었다.

혹시 그분이 수호천사가 아니라 사람이 맞다면, 이름도 모르고 성도 모르는 그분께 지금이라도 감사의 말을 전하고 싶다.

: 매력의 결정체 '땀'

나는 직업의 성격상 많은 관광가이드를 만나보았다. 승무원이란 직업이 좋은 점 중에 하나가 세상을 두루 볼 수 있다는 것인데, 나도 그 점을 십분 활용해 각국의 명소란 곳은 놓치지 않고 찾아보았다. 다만 느긋한 여행을 할 수 없는 처지라 짧은 시간 동안 현지 관광 전문가들의 도움을 받아 설명을 듣는 경우가 많았다. 그렇게 많은 곳을 돌아다녔지만 기억에 남는 관광가이드는 많지 않다. 나에게 관광가이드란 길을 안내해 주고 현지 정보나 여행지 정보를 제공해 주는 사람, 이 이상도 이하도 아니었다. 그런데 이탈리아 로마에서 만난 가이드는 그동안 내가 가지고 있던 이미지는 한낱 편견이었음을 알게 해주었다.

그를 처음 만난 것은 10여 년 전 로마 비행을 갔을 때였다. 가톨릭이 모태신앙인 나에게 교황님이 계신 로마라는 도시는 각별할 수밖에 없었다. 그 전에도 로마 비행이 두어 차례 있긴 했으나 그저 구경을 하며 사진을 찍고 온 것이 다였다. 그런데 그날은 좀 더 자세히 로마를 알고 싶은 마음에 현지 가이드에게 설명을 들을 수 있는 프로그램을 신청했다. 일반적으로 해외여행에서 가이드를 만나 함께 명소를 돌아보는 방법은 두 가지가 있다. 한국에서부터 여행사 가이드와 함께 출발하여 현지에서도 같은 이에게 도움을 받는 방법과 현지에 체류하고 있는 가이드를 직접 만나 명소를 돌아보는 방법이 있다. 승무원은 거의 후자를 택한다.

그날 회사 후배들과 같이 현지 가이드와 만나는 미팅 장소로 찾아갔다. 그곳엔 한국인 50여 명이 모여 있었다. 대부분의 여행자들은 젊은 배낭족이었고, 간혹 가족 단위의 여행객들도 끼어 있었다. 그런데 가이드라고 여겨지는 사람이 보이지 않았다. 무리 속에서 한참을 두리번거렸다. 그때 한 남자가 내게로 와서 말을 걸었다.

"K항공 승무원으로 예약하신 분들 맞으시죠?"

"예."

"안녕하세요? 제가 오늘 투어를 담당한 사람입니다. 일단 이어폰 받으세요."

같이 다니는 일행이 많아 한꺼번에 모아놓고 설명하기 어려워 이

어폰을 끼고 이야기를 듣는 시스템이었다. 명료한 육성을 선호하는 나로선 좀 실망스러운 일이었는데, 그것보다 더 실망스러웠던 것은 가이드의 첫인상이었다. 일단 외모가 내가 상상했던 것과는 너무도 달랐다. 과거에 여행사를 통해 동행했던 가이드들은 옷차림부터가 단정하고 깔끔했다. 그러나 그날의 가이드는 튀는 캐주얼 옷차림과 군인처럼 짧은 헤어스타일에 턱과 코 밑에 수염이 덥수룩했다. 그뿐 아니라 양손에 반지를 몇 개씩 끼고 있었고, 체인 목걸이까지…… 그 누가 봐도 평범하지 않은 스타일이었다.

"선배님, 저 가이드 좀 이상하지 않아요?"

후배 하나가 그때의 내 심정을 대변해 주었다.

"유럽 스타일이라서 그런가 보지."

난 우스갯소리로 대답했지만 로마에 대해 자세히 알고자 했던 계획은 이미 수포로 돌아갔다고 실망하고 있었다.

그날의 코스는 바티칸 박물관을 시작으로 미켈란젤로의 '천지창조'가 있는 시스티나 예배당을 본 후, 성 바오로 대성당으로 이어지는 빡빡한 일정이었다. 승무원들 사이에서 그 여행사는 힘든 투어로 유명세를 타고 있던 터라 모르는 바는 아니었다. 동료 중 한 명은 너무 힘들어 관광 도중에 택시를 타고 호텔로 돌아왔을 정도였다. 하지만 밀도 높은 시간을 원하는 나로서는 오히려 구미에 맞는 투어였다. 다만 가장 중요한 가이드가 마뜩치 않았을 뿐이다.

첫 목적지인 바티칸 박물관, 훌륭한 예술작품이 많다는 이야기를 들었기에 기대가 가득했다. 가이드와는 별개로 나는 그 작품들을 만끽하고 싶었다. 그러나 가이드는 티켓만 끊더니 우리를 박물관 계단 옆 빈 공간에 앉혔다.

'아니, 박물관에 왔으면 빨리빨리 작품 한 개라도 더 봐야지, 계단에는 왜 앉히는 거야?'

짜증이 났다. 1분 1초가 아쉬운 상황이었다. 그런데 가이드는 로마제국의 역사에 대해 풀어놓기 시작했다. 나는 경악했다. 중·고등학교 시절에도 역사 시간이라면 졸리고 따분했던 기억밖에는 없었다. 등장하는 인물들의 이름은 왜 그렇게 다 비슷한지, 누구누구 1세, 누구누구 2세, 그 사람이 다 그 사람 같았다. 길게 설명할 것이 없이 난 역사 시간이 참 싫었다. 그래서 난 그 가이드가 역사를 거론하는 순간부터 깊은 수렁에 빠지는 기분이었다.

그런데 이게 웬일인가? 마치 로마제국의 역사에 관한 한 편의 영화를 보는 듯 다이내믹하고 재미있게 설명하는 것이 아닌가. 나뿐 아니라 50여 명의 사람들은 금세 그에게 매료되었다. 어떠한 이해관계로도 얽혀 있지 않은 관계였기에 누군가는 불평을 했을 법도 한데, 그 차디찬 바닥에 앉아 근 2시간 동안 설명을 들었지만 누구 하나 불평을 하지 않았다. 아니, 그건 설명이 아니라 한 편의 연극이었다. 나는 학창 시절에도 습득하지 못했던 로마제국의 역사를 단 2시간 만에 이해할 수 있었다. 그 가이드는 레오나르도 다 빈치가 왜 그 시점에 그 그림을 그릴 수밖에 없었는지, 미켈란젤로가 왜 유명한 화가

'백 권의 책을 한 번씩 읽는 것과
한 권의 책을 백 번 읽는 것은 같다.'란 말이 있다.
열정 가득한 가이드의 설명을 듣고 마주한 그림들은
예전 그림이 아니라 살아 있는 명화가 되었다.
이때만큼 그림에서 큰 감동을 받은 적이 없었던 것 같다.

가 되었는지 등에 대해 설명했다. 작품과 역사, 시대와 예술이 접목되어 누구라도 능히 그 이야기를 머릿속으로 그릴 수 있게 했다. 내 눈앞에서 레오나르도 다 빈치가 그림을 그리고 미켈란젤로가 조각상을 만들고 있는 듯한 착각이 들 정도로 그의 이야기는 생생했다.

가이드는 열정적이었다. 이마에 땀이 맺히다 못해 뚝뚝 떨어지는데도 이야기를 멈출 줄을 몰랐다. 만약 그 사람이 가지고 있는 에너지에 불을 붙일 수 있다면 바티칸 박물관을 순식간에 다 태울 것 같다는 생각이 들었다. 그는 본인이 직접 만든 화첩을 가지고 각각의 작품에 대한 설명을 해주었다. 그의 설명에 그 작품들을 한시라도 빨리 보고 싶은 마음이 더 간절해졌다.

앞서도 밝혔듯 나는 그날 처음 바티칸을 방문한 것이 아니었다. 그러나 그날 바티칸 박물관은 내게 전혀 다른 미지의 세계이자 배움의 성지였다. 그리고 그곳에서 보낸 시간 내내 설렜다. 아는 만큼 보인다고 했던가. 딱 그 말이 맞았다. 그 전에도 몇 차례 보고 또 보았던 작품인데도 작가의 의도, 작품의 기법, 작품이 나온 시대상에 대해 이해하고 다시 보니 그 모든 작품들이 각별하게 여겨졌다.

그날 그와 함께 지낸 그 하루가 큰 선물같이 느껴졌다. 어떻게 저리도 자기 일을 열정적으로 열심히 할 수 있을까? 수백 번 수천 번 똑같은 이야기를 했을 텐데 어쩌면 저렇게 흥미진진하게 설명할 수 있을까?

상당한 시간이 흘렀음에도 여전히 그 가이드의 표정이 생생하다.

그만큼 그는 매력적인 사람이었다. 날라리같이 튀는 의상과 범상치 않았던 외모 또한 투어가 끝날 때 즈음에는 멋스러워 보일 정도로 그에게 빠져 있었다.

그의 열정은 지금도 잊히지 않는다.

매력의 향기

香氣

: 화장솜 한 박스

　여성이라면 잘 알겠지만, 화장솜은 화장품 가게에서 물건을 사면 부록으로 따라오는 물건이다. 서비스로 늘 받는 물건이기에 화장솜을 한 박스 더 받는다고 해도 감동받을 사람은 많지 않다.
　하루는 시내에 볼 일이 있어서 나갔다가 급히 필요한 화장품이 생각나 가장 먼저 눈에 띈 한 화장품 가게에 들어갔다. 다행히 찾는 물건이 있었고 계산을 하고 나니 점원이 말을 걸어왔다.
　"혹시 화장솜 필요하시면 서비스로 드릴까요?"
　나는 무심코 대답했다.
　"네!"
　물건을 담는 것을 기다리며 매장 안을 둘러보았다. 하지만 시간이 그렇게 여유로운 상황이 아니었다. 마지못해 구경을 하고 있었으나 얼른 물건을 받고 나가야 했다. 그러나 점원은 나에게 물건을 건넬 생각을 하지 않고 무언가에 열중하고 있는 듯이 보였다. 나는 다소 퉁명스럽게 물었다.

"언니, 저 화장품 안 주세요?"

그러자 그녀는 미안한 표정으로 말했다.

"죄송합니다. 제가 화장솜을 좀 많이 드리려고 하는데 시간이 걸리네요. 박스가 많으면 들고 다니시기 불편하실 것 같아서 화장솜 네 박스를 한 박스로 몰아넣고 있는 중이에요. 예쁘게 차려 입으셨는데 까만 봉투 가지고 다니시면 안 어울리잖아요. 제가 부피를 작게 만들어서 핸드백에 넣으실 수 있도록 해 드릴게요. 잠깐만 기다려 주세요."

순간 나는 얼굴이 화끈거렸다. 미안함과 무안함, 감동이 버무려져 아주 복잡 미묘한 기분이었다. 나는 그 가게의 단골도 아니었고, 화장솜을 많이 달라고 먼저 이야기하지도 않았다. 더구나 불편하니 한 박스에 모아 달라는 요구는 생각조차 하지 않았다. 그런데 그 센스 넘치는 점원은 내가 생각지도 못한 세심한 부분까지 신경을 써준 것이다.

나도 '서비스'라고 하면 어디 가서 빠지지 않을 사람인데, 그날 그녀의 서비스에 정말 감동받았다. 어떻게 전문적인 서비스 교육도 받지 않은, 변두리 조그만 화장품 가게 점원이 나 같은 서비스 전문가를 감동시킬 수 있단 말인가!

　그날 내가 깨달은 것은 고객을 감동시키는 서비스는 교육으로 되는 것이 아니고, 바로 고객을 위하는 진심어린 마음에서 비롯된다는 것이었다. 아무리 서비스에 관한 이론을 많이 알고 경험이 있다 하더라도 진심이 담겨 있지 않다면 결코 감동을 줄 수는 없을 것이다.

　고객을 만족시키는 직원을 얻고 실적을 올리고 싶다면, 무조건 고객 만족만 외칠 것이 아니라 먼저 직원의 마음가짐을 잘 파악해야 할 것이다. 그 직원이 왜 고객 만족을 시켜줘야 하는지 그 이유도 모른 채 서비스 라인에 서게 된다면, 그것은 말 그대로 '단팥 없는 찐빵'이 되는 것이다. 왜 고객을 만족시켜야 하고 기쁘게 해야 하는지 그 이유를 알게 하는 것이 첫 번째이고, 직원 스스로 고객을 만족시키고 기쁘게 해줄 진심어린 마음의 준비가 되어 있는지 자문하는 것이 두 번째다. 그 다음 고객을 만족시킬 수 있는 여러 가지 방법들을 직접 제시하고 같이 실행해 보며 시행착오를 겪는 것이 발전의 지름길이다.

　그러나 교육을 통해 나오는 서비스에도 한계란 것이 있다. 왜 최상의 서비스를 해야 하는지 이해한다고 해도 진심의 여부에 따라 분명한 차이가 있기 때문이다. 그래서 항공사나 호텔 같은 대기업 서비스 업체에서 기분 좋은 서비스를 받았을 때 사람들은 대부분 '직원 교육 잘 시켰네!' 정도의 칭찬, 혹은 감탄을 할 뿐 감동을 받는 경우는 많지 않다. 진심이 충분히 담겼다 해도 당연한 것으로 받아들이기에 서비스하는 입장에서는 사실 조금 손해보는 기분이 들기도 한다.

하지만 상상치도 못했던 곳에서 받은 서비스는 쉽게 잊히지 않는다. 난 지금도 화장품을 살 일이 있으면 동네에서 사지 않고 조금 기다렸다가 밖에 나갈 일이 있을 때 꼭 그 화장품 가게에 들러 쇼핑을 하곤 한다. 그날 이후 그 가게의 단골이 된 것이다.

: 버릇의 기억

나에게는 친오빠가 한 명 있다. 앞서 조금 설명했듯 오빠는 아르바이트를 하며 대학교를 마치고 현재는 공무를 보는 이 땅의 평범한 아저씨가 되었다. 자라면서 우리 남매 사이는 지극히 좋았다. 나는 막내딸로 자라 언제나 귀여움을 독차지했고, 세 살 터울이 지는 오빠는 늘 나를 귀여워했다. 옆에서 자꾸 귀찮게 해서 내가 짜증냈던 것 빼고는 자라면서 크게 싸운 적이 거의 없었다. 오빠는 몸 약한 엄마가 가끔 몸져누워 계실 땐 내 도시락을 싸주고 밥도 차려주는 자상한 오빠였고, 그런 오빠를 나는 늘 부려먹었다.

"물 갖다 줘!"

"떡볶이 해줘!"

"리모컨 갖다 줘!"

"비디오 좀 빌려와!"

오빠는 언제나 내 부탁을 불평 없이 들어주었으며, 나에게 뭔가가 필요할 것 같으면 내가 말하지 않아도 늘 먼저 챙겨주곤 했다. 엄마를 빼면 신이 내게 준 최고의 선물이 바로 오빠였다.

어렸을 적부터 그런 생활이 몸에 익숙해져서 그랬는지, 오빠는 밖에 나가서도 매너가 좋기로 유명했다. 우리 남매가 모두 대학을 다니던 시절, 한번은 오빠가 진지하게 나에게 상담을 요청했다. 내용인 즉, 연애 한 번 제대로 못해본 오빠에게 주위 여자 후배나 친구들이 바람둥이 같다고 했다는 것이다.

"뭐? 아니, 뭘 보고 바람둥이래?"

"본인들이 말하지 않았는데 내가 알아서 식당에서 물도 떠다주고, 숟가락 젓가락 놔주고, 택시에 탈 때도 문 열어주고, 식당가서 햇빛 잘 드는 자리 있으면 여자 후배들한테 내어주고…… 그냥 그런 거 했는데, 나한테 그런 소리를 한다. 나는 그냥 지금까지 너한테 했던 대로 했던 건데, 이게 바람둥이 같은 거냐? 나 진짜 억울하다니까!"

오빠는 상당히 심각해 했지만 나는 전혀 심각하게 받아들일 수 없었다. 바람둥이 같다는 것은 곧 매력적으로 보였다는 얘기 아니었을까? 당시 어린 내 생각에도 오빠를 좋아했던 누군가가 오빠의 마음을 살짝 떠 보려고 물어본 것 같았다. 이 세상 그 누가 자기한테 잘해주고 신경 써주는 사람을 싫어하겠는가?

사람들은 의외로 작고 사소한 것에 감동을 받는다. 내가 커피를 마실 때 설탕을 몇 개 넣어 먹는지 기억했다가 다음에 커피를 마실 때 먼저 설탕을 알아서 챙겨주는 사람, 다 같이 모여 식사를 하는 자리에서 냅킨의 위치가 먼 것을 알아채고 나에게 냅킨을 건네주는 사람, 커피에 휘핑크림 없는 것을 싫어한다는 걸 기억했다가 주문할 때 대신 말해주는 사람 등 아주 사소한 일이지만 나에 대해 기억해 주고 날 위해주는 마음에 감동을 받는다. 그러고 보면 매력이라는 것은 사소한 몸짓, 사소한 행동, 사소한 말 한마디, 사소한 표정 하나하나가 모여 만들어지는 것이다.

　자, 오늘부터 주위 사람들에게 관심을 조금 더 가지고 사소한 것을 기억해 두었다가 가끔씩 그 관심을 표현해 보자. 아마 이후에는 놀라운 결과가 기다리고 있을 것이다.

: 자체발광 그녀

　사람들은 흔히 멋진 연예인을 보면 '후광이 비친다.'라는 표현을 쓴다. 그만큼 그의 용모가, 아니면 실력이 눈부시게 아름답다는 말일 것이다. 나의 경우에는 항공기 승무원을 하면서 시대를 주름잡는 수많은 스타를 보았지만, 단 한 번도 눈이 부시다는 느낌을 받은 적은 없었다. 따라서 후광이 비친다는 의미를 잘 모르고 살았다. 그저 다른 이들의 과장된 표현이겠거니 하고 살아갔다. 그러나 후광이 비치는 사람은 전혀 예기치 못한 장소에서 내 앞에 나타났다.

그녀는 헤어디자이너이다. 몇 년 전 후배의 소개를 받고 청담동에 위치한 그녀의 숍에 방문을 했다. 원장이라고 하기에는 앳된 얼굴이었지만 한눈에 확 들어오는 미인은 결코 아니었다. 기다리는 동안 나는 계속 그녀를 바라보았다. 일부러 그런 것이 아니라 저절로 그렇게 된 것이다. 그녀는 숙련된 연극배우처럼 자신의 무대를 마음껏 휘젓고 다녔다. 모든 대사가 또렷했고 목소리는 맑고 경쾌했다. 그리고 경박하지 않으면서 마른 땅을 소리 없이 촉촉이 적시는 잔잔한 웃음이 말끝에 묻어 있었다.

어느 순간 내 눈은 이미 반달이 되어 있었다. 내 차례를 기다릴 때뿐 아니라 머리를 하는 순간에도 나는 거울에 비치는 그녀를 계속 힐끔거렸다. 그 어디에서도 그녀의 모습이 보이지 않으면 사람들의 말소리 속에서 그녀의 목소리를 찾으려고 애썼다. 이 정도면 거의 중증이었다. 이후에도 나는 그녀가 해주는 헤어스타일이 마음에 들기도 했지만, 단지 그녀가 보고 싶어서라도 그 숍에 들르곤 했다. 특히 헤어스타일을 바꿀 때가 되지 않았어도 힘이 없고 우울할 때 예약하고 찾아갔다.

어느 날, 난 내 친구와 함께 그 미용실에 들렀다. 친구에게는 내가 머리를 하는 동안 한쪽에 있는 소파에서 잡지를 보며 기다려 달라고 했는데, 그 친구가 미용실을 나오면서 내게 말했다.

"나, 너무 놀라운 거 발견했잖아!"

"뭔데?"

"그 미용실에서 일하는 사람들, 심지어 스태프까지도 모두 표정이 다 밝고 살아 있더라. 나 깜짝 놀랐어. 어떻게 그럴 수가 있지? 다들 정말 즐겁게 일하고 있더라고."

개인병원을 운영하고 있는 그 친구는 간호사들이 일을 적극적으로 하지 않는 것에 대해 고민을 하던 참이었다.

"정말 신기한 경험이었어. 정말 그 방법이 너무 궁금하다. 그 방법만 알면 우리 간호사들도 살아 있는 표정으로 일할 수 있을까?"

그때 유일하게 떠오른 건 바로 그 원장이었다.

"내 생각엔 말이야, 그 원장 때문인 것 같아."

"왜? 그 원장이 어떤데?"

"그 원장은 말이야, 잠시도 얼굴을 찌푸리지 않아. 아니 그 정도가 아니라 항상 웃는 얼굴을 하고 있어. 그리고 부하 직원에게도 늘 웃으면서 얘기를 하고, 손님 앞에서 부하 직원을 아낌없이 칭찬해 줘. 그러니 그 스태프의 얼굴에도 미소가 떠나지 않지. 무엇보다도 그 원장의 말을 들을 때마다 정말 행복해."

"그건 또 무슨 소리야?"

"지난번에 말이야, 내가 앞머리를 잘라달라고 했거든. 그랬더니 나 보고 이러는 거야. 앞머리는 자기가 나한테 주는 선물이니까 앞머리가 자라면 언제든 숍에 들르라는 거야. 보통 이런 얘기할 땐 '앞머리가 자라면 언제든 오세요, 제가 무료로 잘라 드릴게요.'라고 하지 않나? 사실 그 정도 말만 해줘도 감사한 일이지. 그런데 글쎄 앞머리가 자기가 주는 선물이라잖아. 정말 말한 마디라도 예쁘게 공을 들이지 않니? 어느 누가 그런 얘기를 듣고 감동하지 않을 수가 있겠어? 그러면서 '선물로 드리는 앞머리니까 제가 특별히 더 신경 써서 예쁘게 잘라 드릴게요!' 이러는데, 나 완전히 반했다니까!"

난 수다쟁이가 되어 그녀의 이야기를 계속 풀어놓았다. 그동안 내가 그녀에게 느꼈던 매력이 어떤 것이었는지 한 번도 생각해 본 적이 없었는데, 친구에게 그녀의 얘기를 하다 보니 그녀의 매력이 어떤 것이었는지 점점 명확해졌다. 한 마디로 말하자면, 그녀 자체가 빛이었다. 그녀가 존재하는 것만으로 주위가 밝아지는 '자체발광'의 힘을 가지고 있었으며, 그녀의 눈을 마주하고 이야기를 나누면 입가에 미소가 번지는 '행복 바이러스'의 소유자였다. 그런 리더와 일하는 스태프에게 그런 에너지가 전염되는 것은 당연한 일이었다.

그러던 어느 날 아침, 우연히 한 TV프로그램에서 그녀에 관한 짧은 다큐가 방영되는 것을 보았다. 그 프로에는 그녀의 남편도 출연을 했는데, 제작진은 그 남편에게 이런 질문을 했다.

"아내 분을 처음 보았을 때의 첫인상은 어땠나요?"

"그녀 뒤로 후광이 비치는 걸 느꼈어요."

난 그 말에 100% 동감했다. 모르는 사람들은 '남편 사랑이 지극하네.'라고 말할지 몰라도, 그녀는 그런 사람이었다. 그리고 그 후광은 언제나 변치 않은 그녀의 밝은 얼굴 표정과 상대방을 기분 좋게 하는 말솜씨, 고객의 만족을 위해 늘 열정적으로 일하면서 얻어진 결과물이었다. 그러니 쉽게 퇴색될 성질의 것도 아니다.

난 요즘도 기분이 울적할 때에는 그 미용실로 향한다. 헤어스타일을 바꾸고 싶은 건 나에게는 2차적인 목적이다.

: 멀티플라이어가 되라

자신보다 상대방에게서 가능성을 이끌어 내고, 잠재된 능력을 펼칠 수 있도록 돕는 사람을 '멀티플라이어Multiplier'라고 한다. 이들은 팀과 조직의 역량을 최고로 이끌어내고 사람들을 더 똑똑하게 만드는 사람들이다. 멀티플라이어는 수많은 스태프와 소통하면서 일을 즐겁게 하는 사람들 중에서 쉽게 찾을 수 있다. 직업마다 차이가 있겠지만 방송국의 PD나 영화감독은 기본적으로 멀티플라이어의 속성을 가지고 있다. 스티븐 스필버그 감독이나 '예능의 신'이라고 불리는 유재석 같은 이들이 대표적인 멀티플라이어다.

내 지인 중에도 그러한 멀티플라이어가 있다. 그는 '웃음' 그 자체다. 누군가와 대화를 나눌 때 항상 '껄껄' 소리 내어 웃는다. 일상적인 얘기를 해도 '껄껄', 재미없는 얘기를 해도 '껄껄', 재미있는 얘기를 해도 '껄껄', 항상 '껄껄'이다. 내 이야기를 항상 재미있게 받아주어서 한때는 '혹시 나를 좋아하나?'라고 착각했을 정도다. 그런데 알고 보니 나에게만 그런 것이 아니었다. 심지어 택시를 타도 택시기사 아저씨의 실없는 농담에 '껄껄', 사회를 비판하는 얘기에도 '껄껄' 한다. 그래서 그런지 어딜 가나 인기가 많다.

그 사람에게는 '열려 있는 귀'가 있기 때문인 듯하다. 늘 누군가의 이야기를 재미있게 들어주기 때문에 상대방은 마치 자신이 유쾌하고 재미있는 사람이 된 것 같아 기분이 좋아진다. 이 세상 사람의 대부분은 자기가 유재석 씨처럼 재치 있는 사람이 되길 꿈꾼다. 그런데 그는 자기가 대하는 모든 사람을 '유재석'처럼 만드는 재주가 있는 것이다.

그의 매력은 단연코 '웃음'에 있다. 가끔 우울한 일이 있어도 이 사람만 만나면 자연스레 기분이 좋아진다. 상대방이 연신 웃는 얼굴이니, 내가 얼굴을 찡그리고 있을 수가 없다. 그렇게 웃으면서 잠시라도 얘기를 하고 나면, 어느새 내 걱정과 근심이 별것 아닌 것처럼 느껴진다. 그리고 그 사람은 늘 나에게 "네가 최고야, 넌 잘할 수 있어!", "너보다 그 분야를 잘할 수 있는 사람은 아무도 없어. 자신감을 가져!"라며 희망을 전한다. 아무리 스스로에게 힘을 주고 긍정의 힘으로 살아가는 나라도 한계라는 것이 있다. 때론 자신감이 떨어지고 지친다. 그때 그를 만나 다시 힘을 얻곤 한다.

핸드폰을 충전하듯 사람은 몸과 마음을 가끔 충전시켜 줘야 한다. 아마 대부분의 사람들은 본인의 몸이 힘들고 피곤할 때 각자 이 위기를 돌파하는 방법이 있을 것이다. 하루 종일 집 밖에 나가지 않고 군것질하며 TV를 본다든지, 가벼운 운동을 한다든지, 사우나를 간다든지 하는 방법들 말이다. 그런데 혹시 몸이 아닌 정신을 충전하는 노하우는 있는가? 나는 이 또한 본인만의 방법을 찾고 개발해야 한다고 생각한다. 그래야 심적인 스트레스를 해소하고, 더 맑은 정신으로, 더 나은 삶을 살 수 있다고 생각한다. 곰곰이 생각해 보자. 나의 정신력이 고갈되었을 때 나는 누구에게, 혹은 무엇을 통해 힘을 얻게 되는지……. 그리고 또 한 번 생각해 보자. 나는 누군가에게 충전기가 될 수 있는 사람인지…….

상대방의 한숨과 근심을 단번에 날려줄 수 있는 방법을 가지고 있다면 당신은 이미 매력자이다. 자신에게 용기를 주듯 타인에게도 용기와 희망을 미소에 담아줄 수 있다면 정말 대단한 매력의 소유자가 아닐 수 없다. 그런 매력을 얻기 위해서도 일단은 자신부터 웃어보자. 그리고 자신을 격려하고 응원하자.

: 굼벵이도 숨은 매력이 있다

어떤 유명한 강연자가 한 말이 있다.
"강연하기 가장 어려운 대상이 누군지 아십니까? 바로 남자 중·고등학생입니다."
난 그 말에 전적으로 동감한다. 나는 지난 10여 년 동안 K항공 신입 승무원과 현직 승무원, 모두를 대상으로 교육을 진행해 왔다. 내 강의에 대한 반응도 대체로 좋은 편이었다. 그래서 난 그 어떤 주제의 강의를 하더라도 재밌게 풀어나갈 수 있는 자신이 있었다. 대학 교수로 직업이 바뀌었을 때도 생소한 행정적인 부분은 걱정이 됐으나 강의만큼은 자신이 있었다.

그런데 막상 대학 강의를 시작해 보니 그게 아니었다. 가장 곤란한 것은 맨 마지막 줄에 앉아있는 남학생들이었다. 그들의 얼굴에는 표정이 없었다. 내가 어떤 식으로 강의를 진행하든 그저 의자에 기대어 있을 뿐 반응이 없었다. 한마디로 관심이 없었다. 그럴수록 재미있게 강의하기 위해 노력했다. 노력은 헛되지 않아 여학생들은 때론 박장대소를 하며 호응을 했다. 그러나 '그들'은 그저 피식 웃을 뿐 여전히 몰입하지 않았다. 자존심이 상했다.

우리 과는 공부만 잘한다고 해서 들어올 수 있는 과가 아니다. 하고자 하는 의지가 없으면 입시에서 가장 중요한 부분인 면접 자체가 진행이 될 수가 없다. 그만큼 남다른 의지로 도전해야 입학이 가능한 과이다. 그렇게 의기 충만해서 어렵게 입학한 학생들인데, 왜 몇몇 남학생들은 저리도 호응이 없는 걸까? '내 강의에 문제가 있는 건가?' 스스로에 대한 물음이 머릿속에서 떠나질 않았다. 하지만 뾰족한 방법이 없었다.

그렇다고 내 강의 방식에 대해 문제점을 발견한 것도 아니었다. 대부분의 학생들은 호응도가 좋았기 때문이다. 그래서 나는 강의 방식을 바꾸기보다는 아이들을 대하는 태도를 바꾸기로 했다. 모든 학생들의 이름을 외우는 것은 가장 기본이다. 그러나 나는 의도적으로 남학생들의 이름을 외워 더 자주 호명했다. 나는 수업 중에 질문을 많이 하는 편이다. 그렇다고 정답을 요구하는 질문은 아니다. 그저 각자의 생각이 어떤지 확인하는 차원이다. 그래서 편안한 마음으로 그들에게 묻고 또 물었다.

"흠, 아주 흥미로운 의견인데. 오늘 새로운 이론이 나왔는걸?"

정답이 없기에 그 어떤 대답이든 칭찬을 해주었다.

복도나 식당에서 마주쳤을 때도 잊지 않고 한마디씩 건넸다.

"OO아, 밥 먹었니?"

"OO아, 오늘 옷 멋지게 입었네!"

"OO아, 오늘 표정이 어둡던데, 어디 아픈 거 아니지?"

그렇게 그들과의 거리를 좁혀나갔다. 남학생들은 처음에는 쑥스러워 대답도 제대로 못하더니, 점점 나를 편하게 대했다.

"교수님도 식사 하셨어요?"

"교수님도 오늘 무척 아름다우시네요."

오래지 않아 변화가 생겼다. 맨 뒷줄에 앉았던 남학생들이 점점 앞으로 당겨 앉기 시작하더니, 이제는 키가 180센티미터가 넘는 남학생들이 맨 앞줄에 앉아 뒤에 앉아 있는 여학생이 불편을 겪을 정도가 됐다.

어느 학생이건 내게 소중하지 않은 존재는 없다. 하지만 이상하게

강의실을 가득 채운 학생들을 보고 있노라면
아직 아무것도 그려져 있지 않은 하얀 도화지 같다는 생각이 든다.
이들이 자신의 매력을 발견하여 세상에 자신을 선보였을 때,
사랑받는 작품이 되길 염원한다.
아낌없이 가르치고, 끊임없이 응원하는 서포터가 되고 싶다.

더 신경 쓰이는 존재가 있기 마련이다. 그건 애정의 정도에 의해 갈리는 것이 아니다. 어딘가 몸이 불편한 사람을 보면 그의 뒷모습에 나도 모르게 자꾸 눈이 따라가는 것과 같은 이치다. 승무원 시절에도 그런 후배가 있었지만 교수가 되고 나서도 마찬가지였다.

그 녀석은 입학식 때부터 눈에 들어왔다. 다소 껄렁한 인상이었다. 마치 얼굴에 '고등학교 때 좀 놀았어요.'라고 써 붙인 것 같았다. 아니나 다를까, 뒷자리에 앉아 마치 수업에는 전혀 관심 없다는 듯 무표정으로 앉아 있는 대표적인 인물이 되었다. 다른 남학생들이 마음을 열고 앞으로 다가왔을 때도 여전히 뒷자리는 녀석의 차지였다.

봄의 기운이 완연할 무렵 학과 MT를 갔다. 예상 밖으로 그 친구가 장기자랑 MC를 맡았다. 정말 의외였다. 녀석이 MT 진행을 잘할까 싶은 마음에 나는 이벤트 회사의 전문 MC를 고용할까 하는 생각도 들었으나 다른 교수님께서 그럴 필요까지는 없다고 하셔서 내 의견을 접었다. 그런데 이게 웬일인가? 그 친구의 진행 솜씨는 전문 MC 저리가라였다. 유재석이 울고 갈 정도였다. 어떤 예상 밖의 상황이 와도 슬기롭게 대처하는 능력을 타고난 듯했다.

MT가 끝나고 나서 그 친구를 불러 내가 할 수 있는 최고의 칭찬을 해주었다.

"오늘 진행 정말 놀라웠다. 완전 감동했어. 너 내년에 군대 가면 우리학과 MT 날짜는 네가 휴가 나오는 날로 맞춰서 가야할 것 같은데? 유재석이 울고 갈 정도로 정말 최고였어!"

나는 엄지손가락을 추어올렸다. 그랬더니 그 녀석이 눈을 반짝였다.

"저, 그런 칭찬은 처음 들어봐요."

가슴이 철렁했다. 그 친구에게 그날 받은 감동으로 인해 가슴이 벅차고 코끝이 찡했다. 그토록 놀라운 능력이 있음에도 아무도 알아주지 않았다는 것이 가슴 아팠다.

MT가 끝나고 동료 교수님께 들은 얘기에 의하면, 그 친구가 집에 돌아가 부모님께 자랑을 했단다.

"교수님께서 내 이름도 불러주시고, MT 진행 잘했다고 칭찬도 들었어요."

아들의 그런 자랑을 부모님은 쉽게 믿지 않았다고 한다. 그 얘기만 들어도 난 이 친구가 그동안 어떻게 지내왔는지 감이 왔다. 녀석은 아웃사이더와 아주 먼 성격이었다. 그럼에도 주변이 그를 그렇게 만들었다는 것이 내 판단이었다.

MT 이후 그 친구의 자세가 눈에 띄게 달라졌다. 눈빛은 호기심으로 가득차기 시작했고 모든 일에 적극적이었다. 긍정적인 에너지가 폭발하기 시작한 것이다.

이 세상에 장점만 있는 사람은 없다. 그리고 단점만 있는 사람도 없다. 다만 그중 어떤 것을 더 발전시키느냐에 따라 미래가 바뀔 수 있다. 누구나 젊고 어리석은 시절이 있다. 그 시절은 주변 환경에 따라 판이한 길을 걸을 수 있다. 내가 누군가의 주변 인물이고 영향을 줄 수 있는 사람이라면 그의 장점에 대해 말하자. 상대가 젊다면 더욱 그렇게 말하자. 당신의 한마디에 그 어린 친구의 인생이 바뀔 수 있다. 길잡이는 아무나 되는 것이 아니다.

: 보고 또 보고 싶은 의사 선생님

우리 동네에는 유명한 병원이 한 곳 있다. 앉은뱅이도 벌떡 일으켜 세우는 '기적의 병원'도 아닌데 꽤 유명하다. 그런데 그곳은 갈 때마다 대기 시간이 1시간은 기본이고, 2시간을 기다리는 것도 각오해야 한다. 심지어 예약도 받지 않는다. 무조건 순서대로 가서 대기인 명단에 이름을 쓰고 기다려야 한다. 병원에 대기할 공간조차 충분치 않아 주변 상가를 배회하거나 아예 집에 가서 볼일 보고 한두 시간 후에 다시 방문해야 할 정도이다.

그렇다고 그 병원의 진료과목이 특이하다거나 주변에 병원이 없는 것도 아니다. 주변에 진료과목이 같은 병원이 있어도 사람들은 유독 그 병원만 찾는다. 대기 시간이 길다고 모두 불평은 하지만 절대 인근 다른 병원으로 발걸음을 옮기는 사람은 없다. 나는 궁금했다. 도대체 이유가 뭘까?

특히 우리 엄마는 그 병원만을 고집하며 다니셨다. 나이도 많이 드신 분이 두 시간 가량 병원에서 기다렸다가 진찰받는 것이 못마땅해 한번은 내가 병원을 바꾸라고 말했다. 그랬더니 엄마는 정색하며 싫다고 하셨다. 점점 더 궁금해졌다. 도대체 무슨 매력이 있기에 사람들이 저렇게 한 병원을 고집할까?

그러던 어느 날, 평소 알레르기가 없던 나인데 갑자기 피부 발진이 일어나 병원을 찾아야 할 일이 생겼다. 주변에 다른 병원도 있기는 했지만, 엄마의 권유로 나는 그 병원을 찾았다. 내심 그 병원이 궁금하던 참이라 잘 되었다고 생각했다. 도대체 무슨 비밀이 숨겨져 있는지 내 눈으로 확인하고 싶었다.

겉모습은 동네의 여느 개인병원과 다름이 없었다. 심지어 규모도 크지 않았다. 다른 점이 있다면, 대기 환자들이 병원 문 밖까지 서 있었다는 점이었다. 나는 대기인 명단에 이름을 올리고 하염없이 기다렸다. 그렇게 한 시간 반 정도를 기다려 드디어 내 이름이 불렸다. 이미 심신은 지칠 대로 지쳐 있었다. 기다리는 내내 시간이 너무 아까워 이 병원을 찾은 것에 대해 후회하고 있던 참이었다.

진찰실로 들어가자, 조그만 진찰실에 얼굴이 하얗고 뽀얀 의사 한 분이 앉아 있었다. 피부과 의사라 그런지 남자임에도 불구하고 피부가 백옥 같았다. 일단 본인의 피부가 좋은 걸 보니 신뢰가 가긴 했다.

"어서 오세요, 제가 무엇을 도와 드릴까요?"

의외의 반응이었다. 이제껏 내가 보아온 여느 의사와는 사뭇 다른 느낌이었다. 지금까지 내가 만났던 의사들은 늘 항상 내가 먼저 인사를 해야 마지못해 인사를 받았고, 내 눈은 보지도 않고 차트를 들여다보곤 했기 때문이다. 그리고 하나같이 "어디가 아파서 오셨나요?"라고 묻는 것이 다였다.

그런데 이 의사의 첫마디는 "제가 무엇을 도와 드릴까요?"였다. 의사 특유의 권위적인 말투가 아니라 친절한 승무원의 말투였다. 게다가 나의 증상을 소상히 얘기하자 끝까지 다 듣더니, 메모지에 내 피부 상태를 그림으로 그리면서 현 상태에 대해 설명을 해주었다. 보통 다른 병원에서는 환자가 증상을 이야기해도 의사는 말없이 차트에 무언가를 적고 약 처방만 해주는 경우가 대부분 아닌가. 그런데 이곳은 확실히 달랐다.

뿐만 아니라 피부 발진이 있으니 당분간 먹지 말아야 할 음식이 있다며 다시 메모지를 꺼내 자세히 적기 시작했다. 사실, 피부 질환이 있을 때 가려야 하는 음식은 거의 동일하므로 다른 피부과에서는 아예 피해야 하는 음식명을 복사해서 나눠주는 곳이 많다. 그런데 의사가 직접 메모지에 일일이 적어주니 놀랍기도 하고, 대접을 받는다는 느낌도 들었다. 말투는 어찌나 상냥하고 공손한지……. 왜 우리 엄마를 포함한 아주머니 환자들이 그곳을 고집하는지 알 수 있을 것 같았다.

환자는 의사가 어렵다. 어떤 의사는 말도 붙이기가 무서울 때도 있다. 환자는 자기의 증상을 자세히 이야기하고 의논하고 싶은데, 의사는 대략의 설명만 듣고 처방하기 바쁜 것이 현실이다. 물론 의사 입장에서도 수많은 환자의 하소연과 푸념이 듣기 싫을 수 있다. 그러나 외상이 있는 환자는 마음도 이미 지쳐 있는 경우가 많다. 그런 환자의 마음을 헤아려 주는 의사면 얼마나 좋을까 하는 생각을 평소에도 자주 하고 있었다. 내가 하는 일이 서비스와 관련된 일이어서 더 그랬을 것이다.

그런데 이 분은 달랐다. 얼굴 표정 한 번 굳어지는 일 없이 마치 유치원 선생님이 아이를 달래는 것처럼 부드러운 말투로 환자를 대해 주었다. 왜 그곳에 환자가 몰리는지, 또 왜 그렇게 오랜 시간 기다려야 하는지 알 수 있었다. 대기자도 많았지만, 환자 한 명 한 명의 말을 다 듣고 소상히 설명해 주느라 그랬던 것이다. 모든 환자를 소중히 여기고 있다는 느낌을 받으니 오랜 시간 기다린 것이 전혀 아깝지 않았다.

나는 지금도 그 병원에 다니고 있으며, 앞으로도 그 병원만 고집할 것이다. 어느 병원에서나 볼 수 있는 의사가 아닌, 보고 또 보고 싶은 그런 의사 선생님이 계시기 때문이다.

이런 인간적인 매력을 가진 전문직 종사자들이 우리나라에 넘쳐나길 바란다. 자신의 분야에서 전문적인 지식을 쌓는 것도 중요하지만 자신을 필요로 하는 사람들에게 낮은 자세로 최상의 서비스를 제공할 수 있는 사람이 진정한 프로라고 생각하기 때문이다.

〈김모란의 DREAM NOTE〉 NO.2
"꿈의 잎을 틔워라"

아무리 좋은 계획을 가지고 있어도 자기 혼자 실행해 나가기란 웬만한 의지가 아니면 참 힘들고 괴로운 과정이다. 같이 손잡고 가는 사람들이 있다면 이 과정에서 서로 정보도 나누고 의지가 되면서 서로 힘이 되어줄 것이다. 요즘은 인터넷 공간에서 같은 생각을 가지고 정보를 나누며 친목을 다지는 사람들의 모임이나 카페 활동이 참으로 활발하다. 하지만 잘못된 정보의 흐름이 오히려 독이 될 수도 있다는 점을 명심하기 바란다.

나는 승무원이 되고 싶어 하는 사람들끼리 공유하는 카페에 들어가 글을 읽어본 적이 있었는데, 참으로 황당하기 짝이 없었다. 말도 안 되고 밑도 끝도 없는 황당한 정보들이 넘쳐나고 있었는데, 어린 학생들이 그 글을 읽으며 꿈을 키우기도 하고 포기하기도 했다. 승무원이 되려면 몸에 상처가 있으면 안 된다. 승무원이 되려면 성형수술은 필수다 등등 말도 안 되는 말들이 쏟아져 나오고 있었다. 너무나 안타까운 일이다. 내 꿈을 이루고자 한다면, 그 일을 준비하는 동년배들과만 어울리지 말고 그 일을 성취한 성공의 롤 모델을 찾아서 그가 직접 운영하거나 소속이 되어 있는 단체나 카페에 가입하여 활동하는 것이 좋다.

승무원 시절, 나의 삶을 변화시킨 한 권의 책이 있었다. 정확히 말하면 그 저자로 인해 내 인생이 변한 것이다. 그 책은 어려운 환경에서도 꿈을 향해 열정적으로 사는 저자의 진솔한 경험담을 쓴 책이었는데, 나 또한 이 저자처럼 내 삶을 열정적으로 살고 싶다는 생각이 머리를 떠나지 않았다. 그러다 그 저자를 좀 더 자세히 알고 싶어 인터넷을 검색하던 중 그 저자의 팬 카페가 있다는 것을 알게 되었다. 당연히 나도 그 카페에 회원 신청을 하게 되었고, 간간히 저자가 올리는 근황도 알게 되었다. 그 저자는 가끔 팬 카페 회원들에게 편지글을 써 올려놓기도 했는데, 한 문장 한 문장이 모두 내게 하는 말 같았고, 그 글을 읽으며 힘을 내곤 했다.
그러던 중 저자와 팬 카페 회원들과의 산행이 있다는 소식이 들렸다. 나는 무조건 그 산행에 가기로 마음먹었다. 그때까지 만남의 장소였던 북한산에 한 번도 가본 적이 없었고, 심지어 그 동네 근방조차도 가본 적이 없었으며, 그 카페에 아는 사람 또한 한 명도 없었다. 단지 내 목표는 그 저자 얼굴을 단 한 번만이라도 직접 보고 오는 것이었다. 그분 얼굴을 한 번 보기만 해도 힘이 날 것 같았기 때문이다.
만남의 장소에 가보니 나 이외의 회원들끼리는 친한 사이인 듯 보였다. 그러나 그게

↕ 내 방 한쪽 벽면을 차지하고 있는 세계지도와 모형비행기들.
승무원을 그만둘 뻔했을 때 직업에 대한 애착이 생겼다.
고되고 의미 없게 느껴졌던 일들이, 그날 이후로는
가치 있고 나를 행복하게 해주는 일들이 되었다.
일을 사랑하게 된 기념으로 모으기 시작한 비행기들이
지금은 모형비행기 전시장을 방불케 할 정도가 되었다.
비행기는 나에게 언제나 '설렘'이다.

뭐 대수라고? 나는 혼자 대열 중간쯤에 끼어 산행을 시작했다. 물론 나의 롤 모델을 직접 보기도 했고, 또 그분의 짧은 강연도 들을 수 있어서 너무 좋은 시간들이었으며, 정신적인 충전이 되는 기분이었다. 산에서 내려오는 길에도 나는 대열 중간쯤에 끼어 내려왔다. 다른 회원들은 주변 사람들과 얘기를 하느라 점점 발걸음이 느려졌으나, 나는 딱히 아는 사람도 없으니 혼자 묵묵히 앞만 보고 내려오게 되었다. 그러다보니 어느새 내가 대열 맨 앞에 서게 되었고, 내 바로 앞에 나의 멘토가 있었다. 때는 이때다 싶어 말을 걸었다.

흔쾌히 나의 질문에 대답도 해주시고, 소소한 얘기를 주고받았다.

'내가 꿈에 그리던 내 정신적 멘토와 대화를 나누다니!!'

그 시간이 꿈만 같았고 믿어지지 않을 정도였다.

산행을 마치며 그분과 같이 사진도 찍고, 그분 사인을 수첩 맨 앞장에 받았는데, 이렇게 써 주셨다.

"모란아, 지금 가지고 있는 꿈 꼭 이루길!"

그분은 사인을 받는 모든 사람들에게 똑같은 말을 써 주는 것인지도 모르지만, 나는 그 말이 그분께서 나에게만 해준 응원 메시지 같았다. 그리고 꼭 그 말대로 내 꿈을 이루리라 다짐했다. 집에 오자마자 그분과 같이 찍은 사진과 함께 수첩 앞장을 뜯어 액자에 걸어 놓았다. 그 액자는 지금까지도 내 책상 앞에 걸려 있다.

그날 나의 멘토가 나에게 해준 말 한마디가 나를 지금의 나로 키웠는지도 모르겠다.

CHARMING
POWER

매력의 발산

귀를 기울이고 공감하는 것에는 특별한 기술이 필요 없다.
처지를 바꿔 생각해 보고 상대의 감정을 같이 공유해 보는 것이 전부다.
그렇게 된다면 아무리 어이없는 상황이라도 찬찬히 이해할 수 있을 것이다.
그럴 수만 있다면 상대방은 어느 순간 당신을 마주 바라봐 줄 것이고
당신에게 자연스럽게 마음을 여는 것을 느낄 수 있을 것이다.
귀를 기울이고 공감을 하는 것은 대단한 매력이다.

매력은 긍정이다

發散

: 우선 나를 사랑하자

우리나라의 자살률이 OECD 가입국 중 1위라는 이야기는 더 이상 놀라운 일이 아니다. 최근 10여 년 가까이 OECD 국가 중 우리나라의 자살률은 1위다. 내가 어린 시절 우리나라는 교통사고 사망률 전 세계 1위를 수년째 기록하기도 했다. 하지만 현재의 기록이 오히려 훨씬 슬픈 기록이 아닐 수 없다. 얼마나 많은 사람들이 삶이 고달팠으면 그런 극단적인 선택을 했겠는가.

그러나 한편으로는 이 세상을 살아가면서 삶의 끈을 스스로 놓고 싶은 순간이 오지 않는 사람은 아마도 없을 거라는 생각이 든다. 누구나 한 번쯤은 힘들어 죽고 싶은 생각이 들게 마련이다. 다만 그것을 실행하느냐, 실행하지 않느냐의 차이이다. 삶이란 굴곡이 있기 마련이고 맑은 날이 있으면 흐린 날도 있다는 것은 만고불변의 진리이지 않은가. 우리, 그 진리를 다시 한번 되새겨 보자.

나도 삶을 손에서 놓고 싶었던 때가 있었다. 내가 조금만 더 늦게 성장했더라도 아마 그 늪에서 헤쳐 나오기 힘들었을지도 모른다. 아빠의 사업 실패로 나는 10대 후반에 경제적으로 어렵다는 것이 무엇인지 알았고 삶의 의지를 다졌다. 그것은 오히려 나를 성장시키고 내 삶을 풍요롭게 만들었다.

지금은 그 시절에 우리집이 망하길 잘했다는 생각이 들곤 한다. 왜냐하면 그 당시 그런 시련과 고통이 없었다면 지금의 나도 없었을 것이기 때문이다. 부유하고 평범한 집에서 정상적으로 학교를 다니고 취직을 했다면, 내 삶은 지금처럼 열정적이고 매력적이지 않았을 것이다. 그리고 내게는 꿈을 이루고자 하는 절실함도 없었을 것이다.

가끔 암을 이겨낸 환자들이 TV에 출현한다. 그들은 모두 한결같이 비슷한 얘기를 하곤 한다. 암에 걸리지 않았다면 건강에 대한 소중함도 느끼지 못했을 것이며, 건강에 대한 관심도 없이 폭음·폭식을 일삼으며 자기 건강을 돌보지 않고 살았을 거라고 말이다. 그런데 암에 걸리고 나니, 건강에 대한 소중함을 절실히 깨닫게 되어 건강에 좋은 식사법이나 생활 습관들을 터득하며 건강을 지켜나가고 있다고 한다.

아픔이 사람을 키운다는 말이 있다. 아픔이 있는 사람은 그로 인해 성장할 수 있다는 말이기도 하다. 한 번뿐인 나의 인생, 함부로 버리기보다는 성장의 발판으로 생각을 전환해 보는 건 어떨까?

인생을 버리는 방법도 여러 가지다. 삶 그 자체와 이별하는 것도 방법이지만 망치는 것도 방법이다. 앞서 밝혔듯 나의 경우 '로즈'의 유혹이 있었다. 유혹이란 매혹적이다. 로즈를 이용해 다시 음악을 할 수 있을 거란 생각은 어리석기 짝이 없었고, 다행히 나는 유혹에 빠지지 않았다. 나 역시 스스로 강해지려고 힘을 기르지 않았다면 주위를 맴돌던 유혹에 넘어갔을지도 모른다. 결국 유혹에 빠져드는 것도, 그것을 이겨내는 것도 자신이다.

그렇기에 자기 자신을 온당하게 사랑하는 법을 알아야 한다. 자기애가 충만한 사람은 절대 자신을 포기하는 법이 없으며, 어떤 상황에서도 스스로를 내치지 않는다.

청소년들의 자살 이유 중 많은 부분을 차지하는 것이 자기 존재가 가치 없이 느껴지거나, 내 존재가 누군가에게 짐이 되는 것 같을 때라고 한다. 특히 사랑을 받지 못하는 존재라고 느낄 때 문제가 더욱 심각해진다고 한다. 가슴 아픈 일이다. 왜 누군가가 나를 사랑해 주길 바라는가! 나 자신도 나를 사랑하지 않는데, 내가 아닌 남이 어찌 나를 사랑하겠는가? 내가 나 스스로를 가치 있는 사람으로 인정하지 않는데, 어찌 남이 나를 가치 있게 바라봐 주겠는가?

성인이 되어서도 마찬가지다. 연인에게 버림받았을 때 사람들은 모든 것이 끝났다고 여긴다. '내가 뭘 잘못했지?', '내가 무슨 실수를 한 거지?', '내가 그 사람보다 학벌이 떨어져서 그런가?', '내가 그 사람 수준에 못 미쳐 그런가?', '내가 그때 그런 어리석은 행동만 하지 않았어도, 내가 그때 그 말만 안 했어도!' 등 끊임없이 버림받은 이유를 애써 찾으며 괴로워한다. 그러나 내 가슴만 찢기는 건 너무 억울하지 않은가! 왜 헤어진 이유가 당신에게 있다고 생각하는가. 이건 너무 바보 같은 짓이다. 사랑을 혼자서는 할 수 없듯이 헤어짐의 책임도 일방적일 수 없다.

제발 이별을 앞에 두고 상대방을 배려하지 말자. 나의 가치에 집중을 하자. '흥! 네가 나를 버려? 호박이 넝쿨 채 들어온 줄 모르고 나를 버렸다 이거지? 나 같이 훌륭하고 사랑스러운 사람을 못 알아보는 너! 정말 바보, 등신이다!'라고 생각해 버리자.

나 자신을 그 무엇보다도 먼저, 최선을 다해 사랑해 보자. 결국 세상의 모든 가치는 바로 나에게서 시작된다. 스스로를 사랑하지 않고는 남을 사랑할 수 없으며 세상을 사랑할 수 없다. 사랑이 없는 이에게 매력이란 있을 수 없으며 고로 앞으로 나아갈 힘도 없다. 그러니 힘이 들수록 거울 앞에 서서 소리를 내어보자.

"난 나를 너무 사랑해! 난 여기서 나를 버릴 수 없어. 내가 날 지킬 거야. 지켜줄게, 걱정하지 마!"

자기 자신을 사랑할 줄 아는 당신, 늘 지혜롭고 현명한 판단을 할 수 있는 능력자가 될 것이다.

: 긍정은 '오늘'에서 나온다

우리는 나쁜 일을 겪은 사람에게 흔히 "야, 긍정적으로 생각해!"라며 충고를 하곤 한다. 하지만 긍정적으로 생각하는 것은 말처럼 쉬운 게 아니다.

요즘 '힐링'이라는 단어가 유행처럼 번지고 있다. 이런 현상이 오히려 우리의 삶의 열악함을 보여주는 것 같아 답답하다. 우리가 얼마나 피곤하고 상처받으며 살아가고 있으면 긍정과 힐링이 이토록 범람하겠는가.

힐링을 위해 여행을 가고, 등산을 하고, 좋은 책을 읽어 마음의 수양을 쌓기도 한다. 이렇게 각자의 방법을 통해서 상처가 치유된다면 다행이지만, 그것 또한 쉽지 않다. 힐링의 약효가 떨어지면 또 어떤 방법을 찾아내야 하는 것일까? 또 다른 방법을 찾아낸다 해도 그것마저 언젠가는 고갈되고 그 효과도 무뎌지지 않을까?

남의 실패담을 듣고 고민을 들어줄 때, "긍정적으로 생각하고, 힘을 내!"라고 쉽게 충고를 해줄 수는 있지만, 그 실패와 상처의 당사자가 바로 나라고 한다면, 그렇게 쉽게 긍정이라는 단어를 쓸 수 없을 것이다.

집이 망해 가족의 보금자리가 다른 사람 손에 넘어가고, 하나밖에 없는 오빠는 학비가 없어 군대에 자원입대하고, 나는 대학 등록금이 없어 학교를 못 다닐지도 모르게 되었는데, 이 상황을 어떻게 긍정적으로 생각하란 말인가.

내 경험상 고통은 한 가지씩 오지 않는다. 한꺼번에 온다. 그리고 물리게 보아온 신파극처럼 틀에 짜진 듯 구태의연하다. 그 점이 더욱 사람을 지치게 만든다. 앞이 보이지 않는 사람에게 말뿐인 미래나 희망에 대해 이야기하는 것은 좋지 않다. 오로지 현재에 대해서만 이야기하는 것이 좋다.

"지금의 이 상황들이 죽고 싶을 정도로 힘들겠지만, 이 고통의 시간도 지나갈 거야. 희망을 잃지 않는다면 사람은 나아갈 수 있어. 헛된 희망을 가지란 말이 아니야. 지금 당장 할 수 있는 것을 하자. 그리고 나중 문제는 그 다음에 생각하자."

앞서 말했듯, 난 고액의 레슨을 받을 수 있을 정도로 비교적 부유했던 집안에서 자랐지만 그 행복은 한순간에 허물어졌다. 10여 년

넘게 꿈꿔왔던 연주자의 길이 내 눈앞에서 사라졌고 당장 대학에 갈 수 있는 돈도 없었다. 설혹 간다 해도 어떻게 학업을 마칠 수 있을지, 또 마치면 무엇을 할지, 그 어느 것도 알 수 없고 장담할 수 없는 상황이었다. 당장 쌀값을 걱정해야 하는 날도 있었다. 그래서 몇 년간 미래에 대한 생각을 접었고 과거도 잊으려 노력했다. 매일매일을 오늘만 보며 살았다. 하루를 살아가기 위해서 얼마나 많은 노력이 필요한지 그래서 알았다. 오늘에 충실하기 위해 얼마만큼의 각오가 필요한지도 그때 알았다. 희망은 그렇게 쉽게 찾아오지 않았다.

원망을 하지 않았다면 거짓말이다. 난 부모님을 원망했고 세상을 원망했다. 그러나 그 당시에 그런 힘든 상황을 겪지 않고 남들처럼 평탄하게 대학을 갔다면, 지금의 나는 없을 것이다. 하루가 얼마나 잔인하고 또한 즐거운지 알았기에 나는 현실적이고 독해질 수 있었다. 그리고 나를 알아나가는 과정에서 손에 잡힐 수 있는 꿈을 꾸고 그것을 성취해 나갈 수 있었다.

내가 살아온 방식이 정답이라고 할 수는 없다. 하지만 당신이 지금 어려운 상황에 놓여 있다면, 지금 당장 긍정의 마음을 억지로 가지려고 노력하지 말라. 부질없다. 그러나 단 하나의 믿음은 놓지 않기를 바란다.

'지금의 이 힘든 상황은 반드시 지나갈 것이고, 나에게도 언젠가는 지금보다 나은 미래가 있을 것이다. 그 미래가 오늘의 연속이 되지 않기 위해서도 나는 오늘을 묵묵히 살아나갈 것이다.'

믿음의 끈을 놓지 않고 묵묵히 노력하는 당신의 모습은 그 무엇보다 아름답고 빛난다. 포기하지 말고 나 자신을 믿어보자. 그리고 노력하자.

: 매력적인 얼굴은 따로 있다

미국의 한 경제학자가 발표한 바에 따르면 평균보다 잘생긴 사람이 못생긴 사람보다 10~15% 높은 소득을 올리고 있다고 한다. 즉, 잘생긴 사람이 못생긴 사람보다 더 일을 잘한다는 말이 될 수도 있으며, 혹은 마치 그런 것처럼 사람들에게 인식되고 있다는 것으로도 풀이될 수 있다. 내 경험으로 미루어 보면 후자일 경우가 많다.

참으로 가슴을 치며 통탄할 일이다. 못생긴 것도 억울한데 능력과는 상관없이 외모만으로 능력이 떨어지는 사람으로 평가받다니! 부모님을 원망하며 당장 성형외과로 달려가야 하는 것인가?

요즘 '부모님이 날 낳아주시고 성형외과 원장님이 날 만드셨네!'라는 우스갯소리가 있다. 그 정도로 성형이 만연해 있다는 이야기일 수도 있고, 우리나라의 성형 기술이 그만큼 뛰어나다는 말일 수도 있겠다. 그런데 과연 성형을 통해서만 이 상황을 타개할 수 있는 것일까.

나는 승무원이라는 직업을 통하여 전 세계의 수많은 사람들을 만

인상印象은 처음 만나는 사람에게 각인된 나의 모습을 말한다.
그래서 첫인상은 쉽게 바뀌지 않는다.
나를 기억할 때 각인된 이미지가 계속 떠오르기 때문이다.
예쁘고 잘 생긴 사람으로 기억되는 것은 어렵지만,
매력적인 사람으로 기억되는 것은 노력하기 나름이다.
훈남, 훈녀에 대한 기억은 짧지만 매력적인 사람은 쉽게 잊히지 않는다.

나왔다. 그러한 경험 속에서 형성된 내 외모론은 이렇다. 타고난 것도 중요하지만, 그보다 더 중요한 것은 어떤 표정을 짓느냐, 얼마나 자기 자신을 잘 꾸미느냐에 따라 같은 얼굴도 천차만별로 보일 수 있다는 것이다.

아무리 예쁘게 생긴 사람도 가꾸지 않고 방치하면 그 아름다움은 사라지고 묻히게 된다. 반면 자신을 값지게 생각하고 어울리는 헤어스타일을 연출하고 자신의 장점을 돋보이게 할 수 있는 옷을 골라 입는다면 아무리 얼굴 생김이 평균 이하라고 해도 스타일리시한 사람으로 변모할 수 있다. 또한 여기에 온화한 미소가 곁들여진다면 그 사람은 충분히 매력적인 사람으로 인정받을 수 있다.

얼굴 성형은 할 수 있지만 표정 성형은 절대로 할 수 없다. 또한 표정은 노력 여하에 달려 있는 것이므로 누구나 노력하면 자신만의 표정을 찾을 수 있다.

최근 케이블 방송에서 전업주부로 살면서 자신을 잘 꾸미지 못하는 여성의 헤어스타일을 바꾸어 주고 의상 코디와 화장법으로 완전히 딴 사람으로 만들어 주는 프로그램을 본 적이 있다. 그런데 참으로 신기한 것은 그렇게 꾸미고 남편 회사 앞에 가서 서 있었는데, 그 남편이 자기 부인을 못 알아보고 그냥 지나쳤다는 것이다. 그만큼 자신에게 어울리는 코디는 상당히 중요하다. 사람을 180도 달라보이게 하니 말이다.

몇 해 전 비행기에서 개그맨 홍록기 씨의 서비스를 담당했던 적이 있었다. 그는 누구나 알듯 결코 미남이 아니다. 그런데 그의 옷차림은 갖추어 입지 않은 것 같으면서도 꽤 신경 써서 입은 티가 났으며, 그것을 훌륭히 소화하고 있었다. 역시 남다른 패션 감각을 가지고 있었다. 연예계에서도 패셔니스타로 이름난 것이 허명이 아니었다. 또한 그의 매력은 외모에만 있지 않았다. 개그맨답게 대화를 유쾌하게 이끌 줄 알았다. 덕분에 비행을 즐겁게 했던 기억이 난다. 그는 진정한 매력남이었다.

나는 매우 어린 나이인 30대 중반 이전에 객실팀장이 되었다. 그러나 그 이른 성공이 마냥 좋은 것만은 아니었다. 팀장으로서의 업무도 업무지만 무엇보다 같이 일하는 승무원들을 매 비행마다 평가해야 한다는 것이 상당한 스트레스였다. 그 평가는 각 승무원의 근무 평점으로 환산되며 그것이 쌓여 추후 진급이 결정된다. 그 어떤 평가보다 중요한 평가라 할 수 있었다.

때문에 각 승무원이 어떻게 일하는지, 얼마나 성실한 자세로 임하는지 객관적으로 평가를 내릴 수 있어야 한다. 하지만 팀장은 팀장 나름의 일이 있기에 온종일 승무원만 쫓아다닐 수는 없는 노릇이다. 특히 대형 기종의 경우 승무원이 스무 명 가까이 되고, 더구나 비교적 시간적 여유가 있는 장거리가 아니라 단거리 비행일 경우에는 모든 승무원들이 일하는 모습을 꼼꼼히 살펴보며 평가할 시간적 여유가 없다. 그래서 나는 이런 문제점을 해결하고자 K항공사에서도 유능하기로 소문난 경험 많은 선배 팀장에게 상담을 요청했다.

"유 사무장님, 승무원 평가를 어떻게 내리세요? 모든 승무원을 일일이 다 쫓아다니며 볼 수는 없잖아요. 제 일만 하기에도 숨이 벅차거든요. 이게 너무 고민이에요."

"김 사무장, 나는 사람을 평가할 때 그 사람의 외모를 먼저 보네."

나는 그 말에 발끈했다.

"그게 무슨 말씀이세요? 사무장님, 너무 하세요! 예쁜 애들만 좋아하시면 저 같은 사람은 어떻게 하라고요!!"

그분은 내가 K항공에 들어와 처음으로 팀을 배정받았을 때 나의 첫 사무장님이기도 했다. 한 마디로 나에게는 아버지 같은 분이었다. 하지만 그날 나는 진심으로 서운했다. 그러자 그분은 나를 타일렀다.

"김 사무장, 내 말은 그게 아닐세. 김 사무장은 승무원 평가를 비행기에서만 하나?"

"아니요, 비행 전 브리핑 시간 때부터 비행에 관련된 정보를 묻고 대답을 잘하는지 못하는지도 봐야죠. 기본적으로 비행에 관련된 것은 사전에 꼼꼼히 공부하고 준비해 오는 것이니까요."

"나는 말일세, 브리핑 시간에 한 가지를 더 본다네."

"네?"

"그 사람의 외모, 즉 용모와 복장을 유심히 보지. 깔끔한 복장을 한 사람들은 자기관리를 잘하고 있는 사람으로 나는 판단하네. 즉 자기 외모를 정성스럽게 가꾸고 유니폼 상태도 청결한 사람들은 일도 완벽하게 하려고 하는 법이거든."

　비로소 그분의 말에 전적으로 수긍할 수 있었다. 자신의 용모와 복장을 단정하게 관리하는 사람치고 업무를 불성실하게 하는 사람은 거의 못 보았기 때문이다. 더구나 승무원은 잔머리 한 가닥도 허용되지 않는 깔끔한 헤어스타일을 추구한다. 손톱의 매니큐어도 항상 깔끔하게 정돈되어 있어야 하며, 유니폼 또한 구김이 없어야 한다. 더불어 구두도 반짝반짝 광이 나야 한다. 그런데 유니폼에 커피 얼룩이 있고, 헤어스타일이 단정치 못하며, 잇새에 고춧가루가 끼어 있는 승무원은 보는 순간 불쾌할 뿐 아니라 성실하리라는 인상을 받기 힘들다.

　밖에 나가기 전에는 항상 용모 복장을 다시 한 번 점검해 보자. 나는 오늘 타인에게 신뢰를 주는 용모와 복장을 하고 있는가? 이 물음이 이미지 메이킹의 기본이다.

　'구슬이 서 말이라도 꿰어야 보배다.'라는 말이 있듯이, 제 아무리 잘나게 태어났다 하더라도 가꾸지 않으면 그 장점을 살릴 수 없고 알아주는 사람도 없게 된다. 나의 타고난 외모가 만족스럽지 못하다면 지금부터라도 구슬을 잘 꿰어보자. 그래서 나를 보배로 만들어 보자.

發散　매력은 공감이다

: 미소는 전염된다

연인 관계에 있어 난 이런 사람이 딱 싫다.

"우리 뭐 먹을까?"

"네가 먹고 싶은 것!"

"무슨 영화를 볼까?"

"네가 보고 싶은 것!"

"뭐 할까?"

"네가 하고 싶은 것!"

난 이렇게 말하는 남자가 정말 싫다. 정말 매력 없다. '도대체 넌 생각이란 게 없는 사람인 거니?'라고 묻고 싶어진다. 한두 번도 아니고 남자가 매번 이런 식이면 정말 곤란하다.

그런데 같은 상황이라도 연인의 관계가 아닌 일반적인 사회적인 만남에서 이러한 대화를 한다면 이는 배려로 통하며 상대방은 고마움을 느낄 수 있다.

예를 들어, 비즈니스 상대와 약속 장소를 정할 때에는 이렇게 말하면 금상첨화다.

"○○○님이 편하신 장소로 정하시면 제가 그리로 가겠습니다."

식사 시 메뉴를 고를 때에는 이러는 것이 좋다.

"저는 아무거나 다 잘 먹습니다. 좋아하시는 걸로 고르시죠."

이렇게 말할 수 있다면 당신은 매너 있고 배려심이 있는 사람이 된다. 이 경우 '주관이 없는 사람'이라는 평을 듣는 경우는 거의 없다.

승무원 일을 하면서 내 생각과 행동에서 가장 많이 변화된 부분은 바로 상대방의 상황을 살피고 그 사람의 입장에 최대한 맞추려고 하는 마음이 생겼다는 것이다. 고객이든 직장 상사이든 지금 기분이 어떤지, 처한 상황이 어떤지, 무엇이 필요한지를 관찰하고 그들이 요구하기 전에 먼저 베풀 수만 있다면 상대방의 마음을 얻을 수 있다.

예를 들어, 승객이 커피를 마시는데 찻잔의 각도가 점점 올라가 바닥이 보이려고 하면 커피가 거의 없다는 것이므로 그 승객이 주문하기 전에 커피를 리필해 준다든지, 비행기에서 막 잠이 깬 승객이 있다면 테이블에 따뜻한 물수건과 시원한 생수 한 잔을 놓고 오는 서비스(이때에는 절대 말을 건네지 말 것! 보통 자다 일어난 사람은 그 모습을 타인에게 별로 보여주고 싶어 하지 않는다. 특히 입 냄새가 날 것을 우려해 타인과 대화하는 것을 꺼린다.)가이에 해당한다.

　이렇듯 상대방의 마음을 움직이는 것은 어찌 보면 사소한 배려에서 시작된다.

　'내가 어떻게 해주면 상대가 좋아할까?'

　이 질문에 대한 답은 간단하다. 바로 내가 평소 그 상황에서 원하는 것이 무엇인지를 기억해 내면 된다. 반면 내가 하기 싫은 것은 상대방도 하기 싫어하기 마련이다. 이 진리를 터득한다면 상대방의 마음을 얻는 데 꽤 유용할 것이다.

　한 번, 두 번 이러한 일들을 반복하다보면 지치는 것이 아니라 사람들이 만족하는 모습에서 힘을 얻고 그날 살아갈 용기를 얻는다. 내가 하는 행동으로 타인이 고마워하고 기뻐하는 모습에 중독이 되어 가는 것이다. 타인의 미소는 마치 마약과 같다.

　사람들은 얘기한다.

　"김 교수와 내가 텔레파시가 통했나 봐요. 어떻게 내 마음을 이렇게 딱 알아맞히죠?"

　그건 텔레파시가 아니다. 상대방을 진심으로 생각하고 위하는 마음을 가지고 있었기 때문에, 지금 상대방이 무얼 원할지 생각하게 되고 그걸 해주게 된 것이다.

　상대방을 편안하고 기분 좋게 만드는 매력, 그것은 바로 배려에서 시작되며 이는 곧 인간관계를 발전시키는 초석이다.

: 감성의 공감은 힘이 세다

오랜 승무원 생활로 얻은 것이 한두 가지가 아니지만 그 중 가장 큰 것은 '만남'이다. 승무원이란 직업상 각국의 인종들을 다양하게 접하는데, 정말 나라마다 민족마다 그 특성이 달라 놀랄 때가 많았다.

일본인의 경우에는 화가 나도 즉각적인 컴플레인이 없는 편이다. 본인의 요구에 대한 응답이 다소 늦어져도 다른 승무원에게 같은 요구를 하지 않고 애초에 주문했던 승무원이 가져다 줄 때까지 기다린다. 그러나 그게 끝이 아니다. 끝까지 조용히 있다가 결국 크게 터지는 게 문제다. 기분 나쁜 것을 그때그때 잊어버리는 것이 아니라, 잊지 않고 참고 있다가 결국 폭발하는 것이다. 중국인의 경우에는 대부분 영어가 통하지 않고 매우 거침없이 행동하기는 하나, 사소한 것은 문제 삼지 않는 대국의 기질이 있다.

한국인은 화가 나면 그 자리에서 터트린다. '욱'하는 성격이 많다는 얘기다. 남녀노소를 막론하고 대부분 그렇다. 희노애락이 그대로 얼굴에 나타나는 것이 우리 한국인이다. 사실 서비스를 하는 입장에서는 언젠가는 실수를 하게 마련인데, 이럴 때마다 화를 내는 승객을 응대하는 건 참으로 힘들다. 아무리 죄송하다 해도 듣지 않고 분이 풀릴 때까지 목소리를 높인다. 다만 문제를 크게 만드는 경우는 없다. '뒤끝'이 없는 것이다.

상대방이 화를 낼 때는 어떻게 해야 할까? 일단 상대의 목소리에 귀를 기울여야 한다. 그 사람의 말을 끊지 말고 말을 마칠 때까지 기다려야 한다. 그것이 승무원이 할 일이다. 화가 난 사람은 본인의 생각을 모두 쏟아내는 것만으로도 어느 정도 화가 풀릴 수 있다. 이렇게 화를 내는 사람들의 공통점은 나중에 스스로 지나쳤다고 깨닫게 된다는 것이다. 참고 기다리면 결국 이렇게 말을 걸어온다.

"아까는 내가 좀 심했죠?"

그럴 때에는 이렇게 말하는 것이 좋다.

"아닙니다. 손님 입장에서는 충분히 화가 나실 수 있죠. 앞으로 저희가 더 주의하도록 하겠습니다. 손님께서 그렇게 따끔하게 말씀해 주시니 저도 제 실수가 얼마나 잘못되었는지 깨닫게 됐는 걸요. 앞으로 제가 더 조심해서 일할 수 있는 계기가 된 것 같습니다. 오히려 일깨워 주셔서 감사합니다."

그러면 또 정에 약한 우리나라 사람들은 언제 화가 났었냐는 듯 전혀 다른 사람이 된다. 자기의 실수를 인정하고 승객의 꾸지람을 감사히 받겠다는데 그 누가 더 화를 낼 수 있겠는가? 일을 하다보면 내 실수도 아닌데 내가 꾸지람을 받고, 억울한 일을 당할 때가 분명히 있다. 그렇다 하더라도 억울하게 생각하지 말고 일단은 그냥 다 받아주는 게 좋다. 상대방도 본인이 지나쳤음을 분명히 알고 있을 것이다. 다만 본인이 화를 냈던 게 쑥스러워 표현하지 못할 뿐이다.

라스베이거스에서 서울로 돌아오는 비행기에서의 일이었다. 그 비행은 현지 시각으로 밤에 출발해서 식사 서비스 시간이 자정을 넘겨 진행됐다. 이런 경우 식사를 하지 않는 승객이 상당히 많다. 대부분 비행기에 탑승하자마자 잠을 청하기 때문이다. 그날도 여지없이 많은 승객이 잠자리에 들었고 식사시간도 매우 조용하게 지나가고 있었다. 그런데 갑자기 한 승무원이 다급한 목소리로 나를 찾았다.

"사무장님, 큰일 났어요. 어떤 여자 승객이 자기 아이들 밥이 안 실렸다고 소리 지르고 난리가 났어요."

"응, 알았어. 내가 가 볼게."

그 후배가 안내하는 자리로 가면서 대강의 자초지종을 들었다. 일가족 4명이 있는데, 엄마가 아이들 특별식 Child meal 을 주문했는데 그게 탑재가 안 되었다는 것이다. 우리의 식사 탑재 목록에는 그 기록이 없었고, 승객 특별주문 목록에도 그런 요청 사항은 없었다. 승무원으로서는 당혹스러운 일이 아닐 수 없었다. 그렇지만 처음 겪는 상황도 아니었다. 나는 그 승객에게 다가갔다.

"손님, 저는 이 항공기 서비스를 담당하는 사무장 김모란이라고 합니다. 손님께서 주문하신 아이들 특별식이 탑재가 안 되어 불편을 겪고 있다고 전해 들었습니다. 일단 아드님이 원하는 식사를 하지 못하게 되어 정말 죄송합니다. 그런데 저희 쪽에 특별식이 요청된 기록이 없는 걸로 보아서는 아마도 신청이 누락된 것 같습니다. 제가 최대한 어린이 입맛에 맞는 다른 음식으로 대체할 수 있도록 방법을 찾아보겠습니다. 조금만 저에게 시간을 주시겠습니까?"

최대한 정중하게 말을 했으나 그 승객은 여전히 화를 풀지 못했다.

"우리 아이에게 굶으라는 소리밖에 더 돼요? 난 우리 아이가 원하는 음식을 먹이기 위해 일부러 비행기 타기 한 달 전부터 주문을 했던 것인데, 이제 와서 없다니 그게 말이 돼요?"

승객은 말하는 도중 분에 못 이겨 눈물까지 흘렸다.

갓난아이가 아닌 초등학생이었기에 상황이 그렇게까지 심각해질 줄은 나조차도 미처 예상하지 못했다. 더구나 미혼인 나로서는 이해가 안 가는 부분이었다. 진땀이 났다.

"정말 죄송합니다. 저희 항공사를 대표해서 제가 대신 사과드리겠습니다. 자녀분들 식사는 제가 어떻게 해서든 입맛에 맞는 것으로 준비해 드릴 테니 잠시만 기다려 주십시오. 그리고 이러한 문제가 다시는 일어나지 않도록 제가 회사에도 보고하도록 하겠습니다."

그럼에도 불구하고 상대방은 누그러지지 않았다.

"내가 당신을 어떻게 믿어! 어떻게 손님의 요청사항이 누락될 수 있다는 거죠? 그리고 어떻게 우리 애들 식사만 누락이 됐다는 겁니까? 우리 애들 밥 못 먹은 거 당신이 책임질 거야? 내가 이 회사를 고소해서 어떻게 해서든 우리 애들 밥값을 돌려받을 거예요."

이미 아이들은 곯아떨어져 있었다. 나는 비즈니스 클래스와 퍼스트 클래스에서 아이들 입맛에 맞는 여분의 식사를 찾아냈다. 그러나 그 승객은 거들떠보지도 않았다.

비행 내내 그 일로 마음이 불편했지만 상대가 화가 단단히 나 있었기 때문에 접촉을 삼가고 뒤로 물러나 있었다. 그렇게 몇 시간이 흘렀다. 그 사이 그 여자 승객도 잠이 들었다. 나는 그 여자 승객과 접촉할 수 있는 타이밍을 잡기 위해 그 가족을 계속 지켜봤다. 그러던 중 드디어 기회가 왔다. 그 승객이 자고 일어나 화장실에 들어갔다 나와 스트레칭을 하고 있었다. 나는 쟁반에 물을 한 잔 들고 그 승객에게로 갔다. 또 한 번 욕을 먹더라도 별 수 없었다.

"잠은 잘 주무셨어요? 목마르시죠? 시원한 물 한 잔 드세요."

나는 짐짓 태연하게 말을 걸었다. 그 여자 승객도 처음에는 멈칫하며 나를 쳐다보더니, 이내 물 잔을 들었다.

"잠은 편히 주무셨어요? 아드님들도 중간에 한 번도 안 깨고 잘 자더라고요. 비행기에서 못 자면 그것도 고생인데, 아이들이 잘 자고 있어서 그나마 다행이네요. 라스베이거스 여행은 좋으셨나요?"

나는 다른 곳으로 화제를 돌렸다.

"아니요. 여행이라기보다는 애들이 LA에서 방학 동안 어학연수를 좀 받고 돌아오는 길에 잠시 들렀을 뿐이에요."

"아, 그러세요? 아무튼 아이들에게는 정말 좋은 경험이 됐겠네요. 저희들 때에는 방학 때 해외 어학연수 가는 걸 상상도 못했잖아요. 아드님들은 좋은 부모님 덕분에 어렸을 때부터 좋은 경험도 많이 하고 정말 부러워요."

나는 은근히 여자 승객을 띄워 주었다. 그러면서 아이들이 어떤 점을 좋아했고 유익해 했는지에 대해 계속 이야기를 걸었다.

"예, 애들이 정말 좋아하더라고요. 처음에는 말을 잘 못 알아들어 힘들어 하더니, 차차 적응되고 나서는 한국 오기 싫다고 어찌나 때를 쓰던지…….”

"아드님들이 똑똑하고 적응력이 강한가 봐요. 어떤 애들은 적응 못해서 중간에 돌아오기도 하고 힘들어 하던데……. 아드님들이 성격도 좋고 친화력도 좋은가 봐요.”

"하하하! 그런가요?”

그녀가 처음 웃었다. 그제야 비로소 나는 하고자 했던 이야기를 꺼냈다.

"즐거웠던 일정 뒤에 괜히 저희 땜에 안 좋은 기억으로 남으실까 봐 너무 걱정돼요. 저희 회사가 웬만하면 이런 실수가 없는데, 이런 일이 발생해서 정말 사과드려요. 다음부터는 이런 일 없도록 할게요. 아이들이 밥도 못 먹고 자는 것 보니 제 마음이 너무 아프더라고요.”

그녀는 내 말을 차분히 다 듣고 물었다.

"혹시 결혼 하셨어요?”

"아니요, 아직요.”

"아까 제가 심하게 화내서 미안해요. 그런데 아마 결혼 안 한 사람은 이해 못할 거예요. 부모란 존재는 내 일이면 몰라도 우리 애들한테 손해가 가는 일에는 앞뒤 생각이 안 들어요.”

그녀의 목소리 어디에도 노여움은 없었다. 안심이 됐다.

"아니에요, 손님. 손님께서 화내셨던 거 다 이해할 수 있어요. 저희 엄마도 제 일이라면 두 손 두 발 다 걷어 부치시거든요. 아마 저희 엄마였으면 아까 손님이 하셨던 것보다 훨씬 더 대단하셨을 걸요?"

나는 말끝에 웃음을 흘렸다. 그리고 다시 말했다.

"손님, 근데요, 화내실 때 화내시더라도 식사는 꼭 하세요. 비행기 타시는 것만으로도 체력적인 소모가 많은데 식사까지 안 하시면 아마 내리셔서 더 지치고 피곤하실 거예요. 이제 아침식사 시간이니, 제가 정성껏 식사 준비해서 가져다 드릴게요. 아이들도 꼭 같이 밥을 먹었으면 하네요."

"신경 써줘서 고마워요."

그녀의 입가에 미소가 흘렀다.

그렇게 화를 내시던 승객이 화를 푼 것만으로도 다행인데, 비행기에서 내릴 때 그녀는 내 손을 잡으며 말했다.

"다음에 또 봐요."

불같이 화를 내는 승객을 대하기는 정말 힘들다. 화를 풀게 하는 것은 웬만한 노력으로 되지 않으며 상황이 길어질수록 지치고 짜증도 난다. 사람이기에 어쩔 수 없다. 그렇지만 승무원은 승무원의 입장을 잊어서는 안 된다. 객실을 책임지고 있는 승무원이기에 고객의 입장에서 한번 더 생각해 보아야 한다. 고객은 수십만 원에서 수백만 원의 돈을 지불하고 비행기를 탄다. 비행기를 타는 경험이 평생 단 한 번 있을 수도 있고 혹은 여러 번일 수도 있지만, 비행이 일상적인 사람은 거의 없다. 다시 말해 승객 모두에게 비행은 나름 각별한 경험이다. 따라서 그들은 비행에 대한 기대감을 가지고 있을 것이며 그 기대에 못 미치게 된다면 충분히 화를 낼 수 있다.

나도 내 입장에서만 그 승객을 보았다면 '애들 밥 못 먹는 게 뭐 그리 대수야? 그냥 대충 있는 메뉴 먹으면 되지!'라고 생각했을 것이다. 그런데 집에 계신 우리 엄마를 떠올려보니 충분히 이해가 갔다. 자신들의 엄마를 생각해 보자. 본인이 어떤 희생을 치른다고 하더라도 자식들은 눈곱만큼도 고생시키기 싫어하는 것이 부모다. 그렇게 생각하니 나는 그 승객의 마음이 충분히 이해가 갔다.

귀를 기울이고 공감하는 것에는 특별한 기술이 필요 없다. 입장을 바꿔 생각해 보고 상대의 감정을 같이 공유해 보는 것이 전부다. 그렇게 된다면 아무리 어이없는 상황이라도 찬찬히 이해할 수 있을 것이다.

당신이 그럴 수만 있다면 상대방은 어느 순간 당신을 마주 바라봐 줄 것이고 당신에게 자연스럽게 마음을 열 것이다. 귀를 기울이고 공감을 하는 것은 대단한 매력이다.

: 상처에는 매뉴얼이 없다

베트남 행 비행이었다. 탑승 시작 후 얼마 지나지 않아 내가 담당했던 구역의 승객 중 한 명이 손가락에 붕대를 감고 있는 것을 발견했다. 선반 위에 짐을 올리는 것이 힘들 거라는 판단이 들었고 도와주려 다가갔다.

"괜찮아요, 이 정도는 할 수 있어요."

그 남자 승객은 씩씩하게 말했다.

"출장 가시는 길이세요? 손은 어쩌다 다치셨어요?"

"아, 그저 좀 찢어져서 몇 바늘 꿰맸을 뿐이에요."

남자 승객은 아무렇지 않게 말했지만, 나는 좀 걱정이 되었다. 베트남은 기후도 문제지만 선진국에 비해 의료 시설이 열악한 곳이다. 더구나 출장 차 왔다면 바쁜 일정을 소화해야 하기 때문에 한국인 남자 특성상 시간을 내어 병원을 찾을 거란 생각이 들지 않았다. 그의 손가락을 감싸고 있는 붕대는 이미 때가 많이 타서 거무스름해져 있었다. 눈을 뗄 수가 없었다.

'손가락이 찢겼으면 그 사이로 병균이 들어가면 안 될 텐데……. 저러다 균이 들어가서 염증이라도 생기면 어쩌지?'

승무원에게 있어 내 비행기에 탄 승객이 목적지까지 편안하게 갈 수 있도록 도와주는 것은 기본 임무다. 그러나 고참이 되어 갈수록 몸이 불편해 보이는 승객은 비행기에서 내린 후까지 걱정이 되곤 했다. 남들은 쓸데없는 걱정이 많다고들 하지만, 인연이란 그렇게 가볍게 여길 것이 못 된다. 내 비행기에 승객으로 탄 이상 내가 도와줄 수 있는 방법이 있다면 최선을 다해 도와주는 것이 좋다. 내 도움으로 인해 그 승객이 편안하게 일정을 잘 소화할 수 있다면 그 얼마나 즐겁고 보람된 일인가.

식사 서비스가 끝나고 난 후 승객들이 휴식을 취하는 시간에 나는 항공기에 탑재되어 있는 구급약통을 들고 그 승객에게로 갔다.

"손님, 손 좀 줘 보세요."

"예?"

조명을 어둡게 맞춘 상황에서 승무원이 하얀색 구급약통을 가지고 자기 무릎 앞에 앉으니 놀랄 만도 했을 것이다.

"붕대가 좀 더러워졌던데, 제가 꿰맨 자리 소독해 드리고 깨끗한 붕대로 다시 감아 드릴게요. 베트남 가시면 바쁘셔서 소독할 시간도 없으실 거 아니에요. 그러다 균이라도 들어가면 큰일이잖아요. 손 줘 보세요. 제가 간호사만큼은 아니지만 최선을 다해서 소독해 볼게요."

"아, 감사합니다."

그 승객은 수줍게 손을 내밀었다.

사실 나는 고등학교 시절 가정, 교련 시간을 참 싫어했다. 보통 그런 시간에는 삼각건 묶는 방법이라든지 붕대 감는 방법 등을 배우게 되는데, 나는 성격이 꼼꼼하지 않고 차분하지도 않아서 그 수업이 곤욕이었다. 다른 친구들이 매어 놓은 붕대는 어찌나 그렇게 단단하고 촘촘한지 부럽기만 했다. 그래서 구급약통을 들고 나오는 것은 사실 상당한 모험이었다. 이번에도 잘할 자신은 없었지만 그렇다고 그 승객을 그대로 보낼 수도 없었다.

찢어진 상처를 처음 본지라 다소 놀랐지만 티를 내지 않고 소독용 솜으로 먼저 상처 부위를 닦아냈다. 그리고 멸균 거즈로 상처 부위를 감싼 다음, 깨끗한 붕대로 다시 감쌌다. 서툰 솜씨여서 붕대 맨 모양이 그리 마음에 들지 않았지만, 그래도 깨끗한 붕대로 감고 나니 내 마음이 한결 편해졌다.

"다 됐습니다, 손님. 제가 최선을 다하긴 했는데 간호사 언니가 한 것만큼 깔끔하게 되지는 않은 것 같아요. 그래도 소독을 안 한 것보다는 낫겠죠? 별 탈 없이 무사히 돌아오셨으면 좋겠네요."

나중에 안 사실이지만 그 승객은 처음에 내가 무작정 와서 손을 내어 보라고 할 때에는 다소 당황을 했단다. 그런데 깜깜한 비행기 안에서 비록 능숙한 솜씨는 아니지만 열심히 붕대를 감는 모습이 예쁘고 매력적으로 보였다고 한다. 그 승객은 무사히 출장을 마쳤고 덕분에 더 이상의 감염이나 염증은 없었다고 회사로 고마움을 전해 왔다.

서비스 업체에는 서비스 매뉴얼Manual이라는 것이 있다. 모든 직원은 그 매뉴얼에 의해 움직이며 모두 통일되고 정형화된 서비스를 한다. 기업의 입장에서는 이렇게 해야 서비스 질의 편차가 나지 않아 안심할 수 있으며 직원들을 통제하고 교육시키기에도 효율적이라 이 방법을 선호한다. 그러나 어떻게 사람이 규정대로만 살 수 있겠는가. 그렇다고 규정을 벗어나라는 얘기는 아니다. 규정에 맞게 일을 하되, 본인의 역량에 따라 살을 좀 더 붙이라는 이야기이다.

매뉴얼은 나무의 큰 줄기와 같다. 잔가지와 나뭇잎은 모두 서비스를 제공하는 접점에 있는 직원들의 몫이다. 바로 그 부분이 개인의 역량이 발휘되어야 할 지점이다. 그 직원의 역량이 월등하다면 나뭇잎이 풍성해질 것이고, 역량이 낮다면 앙상한 가지만 남게 될 것이다.

여러분은 어떤 직원이 되고 싶은가? 따뜻한 봄날 햇볕을 받아 반짝이는 풍성하고 푸른 잎사귀가 되고 싶은가? 겨울철에 삐쩍 마른 앙상한 가지로 남고 싶은가?

: 관심이 약손이다

사람은 누구나 관심 받기를 원한다. 주부들은 헤어스타일을 바꾸었는데 남편이 이를 알아주지 않으면 서운해 하며, 직장인들은 새로 산 옷을 입고 나갔는데 회사 동료들이 아무도 알아주지 않으면 섭섭할 수밖에 없다. 하물며 태어나지도 않은 태아도 엄마 배 속에서 관심을 받으면 좋아한다는 연구 결과가 나온 적도 있다. 엄마가 배를 부드럽게 마사지를 해주면 이때 아기는 부드러운 느낌을 받고 엄마에게 관심 받는다는 느낌에 행복해 한다고 한다. 관심을 받고 싶어 하는 마음은 인간의 기본적인 본성이 아닐까.

가족이나 친구가 나에게 관심을 보여주는 것만으로도 기분이 좋은데, 나와 별로 상관없는 제3자가 진심으로 관심을 가져준다면 얼마나 더 감동적일까?

비행을 하다보면 가끔 환자가 발생한다. 장거리 비행에서는 그러한 일들이 더욱 비일비재한데, 이럴 경우 그 환자뿐만 아니라 주위 가족도 가슴이 바짝바짝 탄다. 비행기에서 처리해 줄 수 있는 구급약이 있기는 하나, 비행기 안에서 아프다는 것만으로도 당사자는 심리적으로 더 불안하기 마련이다. '비행기가 목적지에 착륙하려면 몇 시간이나 남았는데 내가 견딜 수 있을까?', '승무원이 준 약이 제대로 효과가 있기는 할까?'라는 생각이 꼬리를 물고 일어날 수밖에 없다. 이때 승무원의 역할은 매우 중요하다. 심리적으로 그 승객을 안심시키는 것만으로도 육체적인 아픔을 다소 해소시켜 줄 수 있기 때문이다.

한번은 미국에서 오는 비행기에서 어떤 승객이 갑자기 고열과 구토로 고생하고 있다고 후배 승무원이 사무장인 나를 찾았다. 다급하게 가 보았더니 20대 여자 승객이 거의 쓰러져 있다시피 앉아 있었고 얼굴은 불덩이처럼 뜨거웠다. 나는 미지근한 물과 얼음주머니를 만들어 그 승객에게 갔다. 구토를 해서인지 몸에는 힘이 다 풀려 있었고 입술은 바짝 말라 있었다. 미지근한 물로 입술을 축이게 했다. 그 승객은 힘겹게 앉아 있었고 일행도 없었다.

"혼자 여행가시는 길이셨어요?"

"예."

"제가 옆에서 보살펴 드릴게요, 걱정 마세요."

나는 그녀를 안심시키기 위해 애썼다.

"갑자기 속이 매스꺼워서 구토를 했어요. 이런 적이 없었는데……."

그녀는 눈물을 흘렸다.

"갑자기 열이 오르면 구토를 할 수 있어요. 저도 감기몸살을 심하게 앓을 때 가끔씩 구토 증세가 나타나더라고요. 열이 좀 있으신 것 같은데 혹시 감기 증상 있으세요?"

"네, 비행기 타기 전에 감기 기운이 있어서 약을 먹기는 했어요."

"비행기는 지상과 여러 가지로 주위 환경이 다르잖아요. 그래서 갑자기 몸에서 다양한 반응이 나타날 수 있어요. 특히 안 드시던 약을 드셨고, 혼자 여행가시니까 심리적으로 불안했을 수도 있고요. 아마도 그래서 그런 걸 거예요. 걱정 마세요. 다른 분들도 그러신 분 많아요."

"그래요? 저 말고도 이렇게 비행기에서 열나고 토하는 사람들이 있어요?"

"그럼요. 그런 분들 많아요. 일단 물을 좀 더 드세요. 구토를 많이 하셔서 탈수 증세가 나타날 수 있거든요. 그리고 마음을 편안하게 가지세요. 제가 옆에서 지켜보고 있을게요."

그때 옆에 앉으셨던 남자 승객이 말을 건네왔다.

"불편하실 것 같은데, 제가 다른 자리로 옮길까요?"

고맙게도 그는 다른 자리로 옮겼다. 역시 한국 사람들은 인정이 많다.

나는 다른 일을 하면서도 수시로 그 승객 옆에 가서 괜찮은지 상황을 묻고, 얼음주머니를 갈아주며 열이 내려가는지 확인했다.

약간의 스킨십은 마음을 진정시키는 데 도움이 된다. 아픈 사람의 손을 잡아주고 이마를 만져 열을 체크해 주는 것만으로도 본인이 관심을 받고 있다는 생각에 마음이 편해지기 마련이다. 물론 이성일 경우에는 스킨십을 좀 더 신중하게 해야 한다. 예를 들면, "열이 내렸는지 제가 이마를 좀 만져봐도 되겠습니까?"라고 꼭 묻는 것이 좋다.

어느 정도 열도 내리고 구토 증세도 멈춘 것 같아 식사를 제공하려 했지만 그녀는 거부했다.

"언니, 도저히 밥은 못 넘기겠어요. 편도선이 부어서 뭘 넘기기가 힘들 것 같아요. 저 그냥 밥 안 먹을래요."

기존에 먹은 음식도 게워낸 상태에서 음식을 제대로 섭취하지 않는다면 상태가 더 나빠질 것이 분명했다. 나는 즉시 일등석으로 가서 담당 승무원에게 오늘 탑재된 과일 중에 배가 있는지 물었다. 보통 일등석에는 식사가 여유롭게 탑재되므로 그날도 배가 좀 남아 있었다. 나는 비행기에서 보통 라면이나 국을 끓일 때 사용되는 핫팟Hot Pot이라는 기물로 배를 끓이기 시작했다. 먼저 배를 잘게 잘라서 핫팟에 넣고 으깨면서 뭉글하게 끓였다. 마지막으로 꿀을 한 스푼 듬뿍 넣으니 보양식에 가까운 음식이 된 듯했다. 나는 그것을 그릇에 담아 그 승객에게 갔다.

"밥을 못 넘기겠으면 이거라도 좀 먹어봐요. 이건 씹지 않아도 되니까 넘기기가 훨씬 수월할 거예요. 그리고 배가 감기에 좋다고 하잖아요. 꿀까지 넣었으니 이거 먹으면 감기가 뚝 떨어질지도 몰라요."

사실은 나도 배즙은 먹어봤어도, 배를 끓인 건 한 번도 먹어보지 못했다. 그냥 풍월로 들은 것을 실행에 옮겼을 뿐이다. 다행히 그 배가 효과가 있었는지 비행기에서 내릴 때쯤에는 그 승객의 열이 잡혀 가고 있었다. 구토 증세도 멈춰 있었다.

"손님, 지금 증세가 좀 나아지기는 했는데요, 그래도 병원은 꼭 가보세요. 이번 감기가 엄청 독하대요. 오늘이 일요일이라서 일반 병원은 문을 열지 않았을 테니 공항 지하로 가세요. 그곳에 응급 의료원이 있어요. 거기 가면 주사도 맞을 수 있고 약도 처방해 주거든요."

내 말이 끝나자마자 그 승객이 갑자기 울기 시작했다.

"감사합니다. 이렇게 걱정해 주셔서."

그렇게 말해주니 내가 더 고마웠다.

진심은 통한다고 했던가. 상대를 진심으로 걱정해 주고 염려하는 마음, 그것이 온전히 전해졌다면 그것만큼 기쁜 일은 없을 것이다.

항공사 서비스 매뉴얼에는 승객이 아프면 증세에 해당되는 약을 주어야 한다는 항목이 있다. 그렇다고 약 두 알만 달랑 주고 돌아온 다면, 그것이 과연 서비스일까? 그러한 서비스로 과연 아픈 승객의 마음을 보듬을 수 있을까?

: 역할의 한계란 없다

일의 한계를 정하기란 쉬운 것이 아니다. 사회나 직장에서 자신의 직함에 맞는 일의 범위를 명확하게 한정지어 그대로 실행할 수 있을까? 아마 없을 것이다. 일에 대해 애정이 없는 이라면 회사에서 정해진 역할도 수행하지 않으려 할 것이고, 발전하고자 하는 이라면 그 이상의 것을 하기 위해 노력할 것이다. 딱 정해진 것만을 하기란 쉽지 않다. 인간은 그래서 인간이다. 기계가 아닌 것이다.

내 전공인 서비스업을 예를 들어도 마찬가지다. 서비스직에 있는 사람은 우선 자신이 고객에게 인정을 받아야 한다. 그러기 위해 고객이 생각하는 그 이상을 것을 보여주어야 신뢰를 얻고 감동을 줄 수 있다.

인천을 출발해 런던으로 가는 비행기에서 있었던 일이다. 옷을 아주 잘 차려 입은 노신사가 서류가방을 가슴팍에 안고 탑승을 했다. 가방이란 본디 들고 다니거나 한쪽 어깨에 메기 마련이었기에 그 불편한 동작은 한눈에 들어왔다. 모양새가 마치 1960~70년대에 시골에서 옷보따리만 들고 서울에 상경한 처자의 느낌이었다.

나는 그 신사에게 다가가 물었다.

"손님, 왜 가방을 가슴에 안고 들어오세요?"

"어휴, 그게 말이에요. 정말 곤란하게 됐네요. 내 오늘 사업차 유럽에 가는 길인데 이 가방 손잡이 끈이 오다가 끊어졌지 뭡니까. 도착하자마자 미팅이 잡혀 있고, 연이어 열흘 넘게 계속 미팅이 있는데 큰일이네, 가방이 이 모양이라…….”

노신사의 얼굴은 근심으로 가득했다. 그가 열흘간의 일정 동안 그 가방을 들고 다니는 모습이 상상이 갔다. 이륙 후 업무를 어느 정도 마무리한 후, 나는 반짇고리를 찾기 위해 한참을 가방을 뒤졌다. 반짇고리란 물건은 늘 곁에 두어야 할 용품이지만 찾으려면 또 쉽게 찾아지지 않는 물건이다. 겨우 그것을 찾아내 그 승객에게 갔다.

"손님, 아까 손잡이 끊어졌던 서류가방 있잖아요. 그것 좀 줘 보세요."

"네? 왜요?"

노신사는 꽤 의아해 했다.

"제가 가방 손잡이를 꿰매 보려고요."

"에엥!"

그는 무척이나 놀랐다.

"무슨 스튜어디스가 그런 걸 꿰맵니까? 마음은 고맙지만 됐어요."

그는 손사래를 쳤다.

"아니에요, 손님. 그 가방을 가지고 어떻게 열흘 넘게 일을 보시려고 하세요. 줘 보세요. 제가 솜씨는 별로 없긴 한데, 그래도 한번 꿰매 볼게요."

그는 잠깐 머뭇거리다가 내게 가방을 건넸다.

"그 고운 손으로……. 그거 가죽 가방이라서 꿰매기가 정말 힘들 텐데…….”

나는 갤리(Galley: 승무원의 작업 공간)로 돌아와 불을 켜고 바느질을 시작했다. 앞서 말했지만, 나는 중고등학교 가정시간이 정말 싫었다. 구멍이 난 양말조차 제대로 꿰매지지 않아 그 시간이 되면 공연히 더 긴장하고 그랬다. 바느질을 얼마나 못하면 집에서도 엄마에게 핀잔을 듣기 일쑤였다.

"바느질도 제대로 못 해가지고 시집이나 가겠냐?"

그래서 나는 붕대를 매는 것과 함께 바느질은 나랑은 안 맞는다 생각하고 있었다. 하지만 그때 만큼은 집중해야 했다.

노신사의 말처럼 가죽 재질의 가방에 일반 바늘로 바느질을 하는 것은 쉬운 일이 아니었다. 단 한 땀을 꿰매자마자 예쁜 모양새로 만드는 것은 포기했다. 대신 오로지 튼튼하게 바느질해야겠다는 일념으로 한 땀 한 땀 정성스럽게 꿰맸다. 완성을 하고 보니, 어차피 검정색 가방이고 검정색 실로 꿰맨 거라 별로 티가 나지 않았다.

"손님, 다 됐습니다."

나는 상당히 긴장한 채 가방을 내밀었다. 내가 보기엔 괜찮지만 상대방이 어떤 반응을 보일지는 알 수가 없는 것이기 때문이다.

"아이고! 이거 고마워요. 튼튼하게도 고쳤네요. 정말 감사해요!"

다행히 노신사는 밝은 표정으로 인사를 하며 만족해했다. 전문가가 아니기에 100% 만족했을 리 없지만 그저 다행이었다.

"아닙니다. 부디 출장길에 좋은 성과 있으시길 바랄게요."

누군가를 도와주는 것은 어쩌면 상대방보다 그 일을 행한 내 자신

서비스 매뉴얼도 중요하지만, 그보다 더 우선되어야 할 것은
진심으로 고객과 소통하려는 마음자세이다.
단순히 매너가 좋은 사람보다 마음이 따뜻한 사람이 오래 기억된다.
일의 한계를 정하지 않고 진심으로 소통하려는 사람은 매력적이다.
승무원을 꿈꾸는 모든 이들이 이 사실을 기억하길 바란다.

에게 행복감을 더 주는 일임이 분명하다. 내가 누군가에게 도움이 되는 존재라는 것 자체가 내가 살아 있음을 느끼게 한다고도 할 수 있다.

'그래, 나는 가치 있는 사람이야!'라고 본인 스스로 계속 되새기고 그렇게 되기 위해 노력하다보면 나란 존재가 진정 이 사회에서 필요한 사람이란 생각이 든다. 그 비행은 그렇게 큰일 없이 마무리되었고, 얼마 후 회사로 편지가 날아들었다. 그 노신사가 보낸 것이었다.

"귀사의 승무원의 도움으로 힘든 일정의 출장길을 기분 좋게 시작할 수 있었습니다. 예상치 못했던 서비스가 날 감동시켰고, 순간 난 매료되었습니다. 승무원이 비행기에서 가방을 꿰매주다니, 그 누가 상상이나 했겠습니까? 아마 그런 서비스를 받아본 승객은 나밖에 없을 겁니다. 그 승무원의 서비스는 진심에서 우러나왔다는 것을 느낄 수 있었습니다. 정말 감사드립니다. 제 아들이 지금 대학생인데, 나중에 그 승무원처럼 센스 있고 배려심이 있는 아내를 맞기를 기원합니다. 그 승무원에게 감사의 말을 전해주십시오. 그리고 다음 출장길에 그 승무원을 다시 만난다면 더 기쁘겠습니다."

그 편지의 내용을 회사로부터 전해들은 날, 나는 하루 종일 공중 위를 떠다니는 기분이 들었다. 그토록 본받고 싶었던 강 선배 같은 승무원이 되었다는 생각이 들었기 때문이다. 일을 즐길 줄 알고 의식하지 않아도 자기 자리에서 최고의 서비스를 할 수 있는 사람이 된 듯한 기분이 들었다. 그날 나는 내 스스로를 아낌없이 칭찬해 주었다.

: 상황이 아닌 마음의 최선을 따르라

불과 10년 전만 해도 비행기에는 개인용 비디오 화면이 없었다. 그 이전엔 50명에서 100명 가까운 사람들이 하나의 스크린을 통해 같은 상영물을 보아야 하는 때도 있었다. 그 당시에는 승무원이 정해진 시간에 영화나 다큐멘터리를 틀어주면 무조건 그 시간에 봐야 하는 일방적인 시스템이었다.

그러나 요즘은 온디맨드 서비스 (on demand service : 고객이 원하는 것을 즉시 해결해 주는 서비스)가 일반적이어서 본인이 선택한 영상을 바로 자신의 좌석에서 즐길 수 있다. 장시간 비행을 그나마 편안히, 그리고 덜 지루하게 보낼 수 있어 승객 입장에서는 매우 편리해졌다. 그러나 승무원들의 입장은 조금 다르다. 아무래도 여러 사람이 쓰는 기계이기 때문에 언제든지 문제가 발생할 여지가 있기 때문이다. 비행 이전 수시로 체크하고 정비를 함에도 그런 문제는 종종 불거지고는 했다. 그리고 승무원이 기본적인 결함들은 고치는 방법을 숙지하더라도, 비행기에 전문 정비사가 탑승하는 것이 아니기 때문에 심각한 결함이 발생할 경우에는 해결할 수 없었다. 또한 항공기 비디오 시스템이 각각의 개별 기계가 아니라 몇 개씩 혹은 수십 개씩 맞물려 있어, 한 좌석에서 오류가 나면 다수의 비디오 시스템도 오류가 난다. 이런 상황이 닥치면 승무원은 아찔해진다. 그나마 좌석에 여유가 있으면 작동이 되는 좌석으로 승객을 옮기면 되는데, 바꿔줄 좌석이 없다면 흔히 말해 '답이 없는 상황'이 된다.

서울에서 시카고로 가는 비행에서 있었던 일이다. 그날의 비행시간은 약 14시간. 상당히 장거리에 속하는 비행이었다. 이륙 후 별 문제없이 서비스를 하고 있는데 갑자기 이코노미 좌석 중 이어진 두 열에서 한꺼번에 비디오 작동이 멈춰 버렸다. 내가 알고 있는 방법을 총동원해 시스템을 복원하려 애썼지만, 끝까지 시스템이 돌아오지 않았다.

부랴부랴 해당 탑승객들의 좌석을 여분의 좌석으로 옮겼다. 그러나 안타깝게도 딱 한 자리가 모자랐다. 이 일을 어떻게 설명해야 할지 막막했다. 본인이 앉은 좌석의 비디오 시스템이 안 되는 것만 해도 충분히 화가 날 상황인데, 본인만 자리를 옮길 수 없다는 것을 웃으면서 설명할 방법은 없었다. 다행히 사전에 그 승객과도 몇 마디 대화를 나눈 상황이라 데면데면하지는 않았다.

"저…… 손님, 드릴 말씀이 있는데요."

"네, 뭐죠?"

"손님 좌석뿐만 아니라 주변의 비디오 시스템이 모두 오류가 일어나 작동이 안 되고 있습니다. 제가 어떻게 해서든 조치를 해보려고 노력을 했는데, 시스템이 살아나지 않고 있습니다."

"그럼 좌석을 옮겨 주세요."

"아…… 저도 그렇게 해 드리고 싶습니다만 안타깝게도 지금 여유 좌석이 하나도 없는 상태라…… 정말 죄송합니다. 제가 그 대신 잡

지나 신문을 좀 가져다 드리면 어떨까요?"

그 승객은 잠시 고개를 숙였다가 창밖을 보며 한숨을 쉬었다. 그리고 침묵…… 정말 심장이 오그라들 것만 같았다.

"정말 남는 좌석이 하나도 없나요?"

"어린이 동반 승객과 노약자 승객분들을 먼저 옮겨 드리고 나니 좌석이 더 이상 없네요. 죄송합니다."

남성, 그것도 건장한 남성은 언제나 맨 마지막 순번이다. 비단 그것은 서비스업에서만 그런 것이 아니라 우리 공동체의 암묵적 합의라 할 수 있다. 나의 말에 그도 상당부분 수긍하는 눈치였다.

"휴……."

그 승객은 아주 깊이 한숨을 내쉬었다. 어찌됐든 우리의 잘못으로 인해 피해를 보게 된 셈이라 나로선 그리 할 말이 많지 않았다.

"죄송합니다. 무어라 드릴 말씀이 없네요. 저희가 도착하자마자 정확한 결함 상태를 확인하여 바로 조치를 취할 것입니다. 다음부터는 이런 일 없도록 하겠습니다. 불편을 드려 정말 죄송합니다."

잠시의 침묵을 깨고 그 승객이 입을 열었다.

"됐어요. 어쩔 수 없죠."

"신문이나 잡지라도 가져다 드릴까요?"

"아니에요, 벌써 보고 싶은 건 다 봤어요."

오히려 내가 더 한숨을 쉬고 싶은 심정이었다. 비행기라는 공간에서 열 시간도 넘게 아무것도 하지 않고 그냥 보낸다는 것은 어찌 보면 고문이다. 잠을 청하는 것에도 한계가 있고 공상을 하는 것도 잠시다. 무료함은 곧 답답함으로 변하고 그렇게 되면 누구나 신경질이 나게 마련이다. 답답한 심정을 모르는 바가 아니었기에 더 괴로웠다. 그러나 그 시점에서 내가 더 이상 도와줄 방법이 없었으므로 일단 후퇴했다.

비행 내내 그 승객이 눈에 밟혔다. 뭘 하고 있나 궁금해서 보면 그 승객은 벽만 쳐다보고 있었다. 몇 번 그렇게 보고 있자니, 나중에는 웃음이 났다.

'어쩌면 저렇게 벽만 쳐다보고 있을 수 있지?'

그 승객에게로 가서 말을 붙였다.

"손님, 지루하시죠?"

그 승객이 이번에는 두 손으로 머리를 벅벅 긁었다.

"아닌 게 아니라 상당히 답답하네요.

"저, 그럼 괜찮으시다면, 제 노트북에 다운받아 놓은 영화가 있긴 한데, 그거라도 보시겠습니까?"

"무슨 영화인데요?"

"블록버스터는 아니고요, 잘 알려진 영화도 아니긴 합니다만…… 한 마디로 정리하자면 하이틴 로맨스 영화라 할 수 있습니다."

"어휴! 저 그런 영화 싫어해요."

"그래도 이렇게 무료하게 벽만 보고 있는 것보다는 좀 낫지 않을까요?"

그 승객은 또 고개를 숙이고 잠시 생각했다.

"그럼, 그럴까요?"

나는 노트북을 꺼냈다. 내 개인용 노트북이었으므로 그 안에는 사생활이 담겨 있는 사진들이나 파일들이 있어 누군가의 손에 맡기기에는 상당히 꺼림칙한 것이 사실이었다. 그래서 빌려주기 전에 개인적인 사진이나 문서가 들어 있는 파일은 사무적인 파일명으로 바꾸어 놓았다.

"손님, 저랑 약속 하나만 해주세요!"

"뭔데요?"

"영화 파일 이외에 다른 파일은 절대 열어보시면 안 돼요. 약속해 주실 수 있죠?"

"그럼요!"

다짐을 받고 난 내 노트북을 맡겼다. 그리고 얼마 후 웃음소리가 들리기 시작했다. 하이틴 로맨스 영화는 절대 싫다던 그 승객이 완전히 영화에 몰입되어 반쯤 넋이 나간 상태로 혼자 낄낄대며 웃고 있었다. 클라이맥스 장면에서는 완전히 감동받은 얼굴로 영화를 보는 모습이 눈에 띄었다. 영화가 끝났을 시점을 좀 지났을 즈음 그 승객에게 다가갔다.

"손님, 영화 다 보셨어요?"

"네, 너무 잘 봤어요."

"그런 류의 영화는 싫다고 하시더니, 완전 몰입해서 보시던데요?"

"네, 생각보다 재미있더라고요."

다행이었다. 그 승객이 웃어줘서 정말 다행이었다.

그렇게 비행을 끝내고 호텔로 들어갔다. 일단 기내 비디오 시스템의 오류를 본사에 알려야 했다. 보고서를 쓰려고 노트북을 열자 낯선 파일 하나가 바탕화면에 떠 있었다.

'어, 이건 뭐지?'

그 파일을 열어보는 순간 웃음이 빵 터졌다. 그건 다름 아닌 그 승객이 남긴 편지였다. 센스 있게도 그 영화의 가장 멋진 엔딩 장면을 캡처해 올려놓고 그 밑에 글을 썼다. 내용인즉슨, 본인은 시카고에서 대학원을 다니는 유학생인데, 어려서부터 비행기를 수없이 많이 타 봤지만 나 같은 승무원은 처음 보았다는 것이었다. 정말로 답답해서 미쳐버리는 줄 알았는데 감사했다고, 자기가 보아온 승무원 중 최고라 말할 수 있을 정도로 서비스에 너무 감동했다며, 다음에 또 시카고 가는 비행기에서 만났으면 좋겠다는 말이었다.

어떠한 상황이 닥쳤을 때, 나는 다른 생각은 하지 않는다. 진심으로 어떻게 해서든 그 사람을 도와주고 싶다는 생각을 한다. 그러한 진심이 상대방에게도 전달된다면, 그 사람은 상대방의 진심어린 마음에 자연히 흔들리게 되는 것 같다. 그것이 사람의 진심에서 피어나는 진정한 매력이 아닐까?

發散

매력은 배려다

: 흰죽 한 그릇

　유럽여행은 일정이 힘든 경우가 많다. 불과 10여 일 동안 몇 개국을 바삐 떠도는 패키지 상품이 많고, 특히 걸어서 이동하는 경우가 많기 때문에 연로하신 분들은 체력적으로 힘들게 마련이다. 특히 유럽에는 한식당도 흔치 않아서 제대로 식사를 못하고 넘어가는 사람들이 많아 그 고됨을 더욱 가중시킨다. 그래서 일반 승무원이었을 때부터 유럽에서 한국으로 돌아오는 비행은 늘 신경이 많이 쓰였다. 다른 노선에 비해 환자 발생률이 높기 때문이었다. 책임이 가중되는 사무장이 되고 나서는 더욱 긴장을 했다.

　로마에서 돌아오는 비행 때의 일이다. 40대 부부가 70대 할머니를 모시고 이탈리아로 성지순례를 다녀오는 길이라고 했다. 탑승 때부터 할머니의 기력이 안 좋아 보이긴 했다. 염려스러운 마음에 40대 부부에게 어머님 안색이 안 좋은데 혹시 어디 편찮으시냐고 물었더니, 할머님이 성지순례를 하시면서 너무 힘에 부쳐 기운이 없는 거라고만 했다. 아니나 다를까, 이륙 후 할머니가 가슴이 답답하다는 호소를 했다. 식은땀도 흘리고 혈색 또한 좋지 않아 비전문가가 보아도 한눈에 문제가 발생했음을 알 수 있었다.

"많이 불편하세요?"

내가 물으니 할머니 대신 며느리로 보이는 사람이 말했다.

"아무래도 공항 오시기 전에 드셨던 빵이 얹히신 것 같네요."

나는 소화제를 찾아 드시게 하고 담요 두 장과 여분의 쿠션을 가져다 드렸다. 체기가 있을 때 엄마가 내 손바닥을 주물러 주셨던 것이 생각이 났다. 나는 얼른 할머니 무릎 앞에 앉아 할머니의 손을 주물러드렸다. 그리고 계속 말을 붙였다.

"어르신을 뵈니 저희 외할머니가 생각나요. 외할머니가 저 대학생때 돌아가셔서 저는 외할머니 모시고 해외여행 한 번도 못 가 봤거든요. 그래서 이렇게 비행기에서 어르신들을 보면 남 같지가 않고 모두 저희 할머니 같으세요. 이렇게 손녀 같은 아가씨가 와서 손 주물러 드리니깐 할머니도 좋으시죠?"

"그려, 좋아! 나는 손자는 있는데 손녀가 없어. 이렇게 예쁘고 상냥한 손녀가 있으면 얼마나 좋을꼬?"

"손자가 할머니 여행 다녀오셨는데 아프다고 하시면 속상하겠어요, 제가 잘 보살펴 드릴 테니 비행기에서 내리실 때에는 꼭 나으셔야 해요."

"그럼, 그래야지. 근데 아가씨는 결혼은 했수?"

할머니는 고통을 잠시 잊고 내 신상을 묻기 시작했다. 나는 가족 얘기며 친구, 동료들에 대해 이것저것 대답해 드렸다. 다행히 할머니의 안색이 돌아오기 시작했다. 체기도 내려갔다는 말에 안심하고 내 자리로 돌아왔다.

식사 서비스를 앞두고 있었다. 그날의 식사는 모두 양식이었다. 이미 체증으로 고생하는데 쇠고기나 닭고기 등의 육류는 무리일 듯 싶었다. 이번에는 지난 번 배를 끓였던 핫팟을 이용하여 밥을 끓이기 시작했다. 완성된 흰죽을 쟁반에 얹고 비빔밥에 쓰이는 참기름, 단무지를 챙겨서 할머니 자리로 갔다.

"어르신, 이거 드셔보세요. 제가 만들어 봤는데 입맛에 맞으실지는 모르겠어요."

"아이고, 고마워라. 우리 어머니 그렇지 않아도 며칠 동안 한식을 못 드셔서 힘들어 하셨는데 이거 드시면 되겠네."

아들 내외가 더 기뻐했다. 속이 불편해서 처음에는 식사를 안 하시겠다고 하셨던 할머니도 참기름 냄새 솔솔 나는 흰죽을 보시더니, 얼른 쟁반을 받아 본인 자리에 놓으셨다. 그리고 남김없이 말끔히 드셨다. 누군가를 위해 요리하는 기쁨을 알게 된 날이었다.

사실 나는 후배들에게 이런 말을 자주 했다. '비행기에 타는 모든 고객들을 모두 내 가족같이 생각해야 한다.'고. 20~30대 같은 동년배가 타면 내 언니, 오빠, 동생이라고 생각하고, 40~50대가 타시면 우리 부모님이다 생각하고, 60~70대가 타시면 모두 내 할머니 할아버지다 생각하라고. 그렇게 생각하면 뭐든 다 잘해주고 싶은 생각이 생기기 마련이다. 남이라고 생각하면 사실 그분들에게 관심이 많이 가지도 않을 뿐더러 진심에서 무언가 해 줄 마음도 생기지 않는다.

고객들을 너무 어려워하지 말길 바란다. 그러면 그들도 여러분을 멀게 느낄 것이다. 진심어린 마음으로 고객들에게 다가가 그들의 마음을 편안하게 해준다면 당신의 마음도 편안해질 것이다.

: 샌드위치 한 개

호텔에서 한국으로 돌아가는 비행을 준비하고 있는데 회사에서 전화가 왔다. 그날 비행에 정부의 중요 인물들이 탑승을 한다는 전갈이었다. 특히 모 장관님이 탑승할 예정이니 서비스에 만전을 기하라는 당부였다. 장관님이 타든, 일반 회사원이 타든 나에게는 크게 다를 바가 없다. 나에게는 다 똑같이 고객이다. 그 사람이 장관이어서 더 신경 쓰고 외국인 노동자라서 대충 서비스하는 일은 없다. 그게 내 철칙이었다.

비행기에 탑승하자 그 장관님은 피곤한지 내내 잠을 잤다. 기본적인 서비스조차 할 수 없었다. 잠이 든 이에게 음료를 가져다 줄 수도 없는 노릇이고 뭐가 더 필요하냐고 물을 수도 없는 일이었다. 사실 승무원의 입장에서는 이것도 답답한 노릇이다. 내가 그 사람을 위해 할 수 있는 일이란 수면에 방해가 되지 않도록 온도와 소음을 체크하는 정도였다.

식사가 가장 큰 문제였다. 다른 승객들은 착륙하기 두 시간 전쯤 일어나서 식사를 했지만 장관님은 그 시간에도 일어날 생각을 안 했다. 비서에게 물어보니 도착하자마자 또 바로 청와대에 들어가서 회의에 참석해야 한단다. 그 말을 들으니 또 걱정이 되기 시작했다.

'아침식사도 못하고 또 회의에 참석해야 한다고? 시장하실 텐데…….'

비행기에는 항상 빵이 탑재된다. 난 갤리로 돌아와 모닝롤 중간에 칼집을 내어 샐러드를 넣고 샌드위치를 만들었다. 그리고 작은 생수와 음료수를 챙겨 비닐 팩에 담아 비서에게 건넸다.

"이거 별 건 아닌데요, 장관님이 계속 주무셔서 아침식사를 못 드셨거든요. 제가 음료수랑 샌드위치를 조금 쌌어요, 차 안에서 꼭 드시라고 전해주세요."

결국 장관님은 착륙해서야 일어났고, 나는 시원한 물 한 잔을 드렸다.

"편히 잘 주무셨어요?"

"네, 덕분에 잘 왔습니다."

"식사를 못하셔서 어떡해요? 시장하시지는 않으세요?"

"뭐, 어쩔 수 없죠, 허허!"

"바로 회의 들어가셔야 한다면서요? 제가 혹시 시장하실까봐 비서님 편에 샌드위치랑 음료수를 싸서 드렸어요. 서울로 올라가시는 차 안에서라도 조금 드세요."

장관님은 만면에 미소를 띠었다.

"아이고, 고마워라. 사무장이 우리 마누라보다 낫네!"

누군가가 나의 안위를 걱정해 주고 염려해 준다는 것은 참 기분 좋은 일이다. 특히 우리나라 사람들은 '밥'을 매우 중요하게 생각한다. 그래서 누군가와 안부를 주고받을 때도 항상 식사 여부를 묻는다.

누군가의 마음을 얻고 싶다면 상대방이 부담스러워 하지 않을 정도의 선에서 식사를 염려해주고 은근히 챙겨주는 것은 어떨까? 아마 상대방은 당신에게 큰 호감을 느끼게 될 것이다.

: 황제의 비빔밥, 진심의 차 한 잔

스스로 승무원이 천직이라는 생각이 들었던 때는 다름 아닌 기내식을 먹을 때였다. 비행기에서 매일 먹는 기내식이 질리지 않았고 늘 맛이 있었다. 어쩜 그리 매일 먹어도 맛있었을까? 그렇지만 동료들을 봐도 기내식을 나처럼 즐기는 사람은 많지 않았다.

싱가포르에서 돌아오는 비행에서 있었던 일이다. 우리나라 외식 업계에서 손꼽히는 회사의 임원이 탑승했는데, 식사 때인데도 식사를 하지 않고 영화만 보고 있는 것이 눈에 띄었다.

"손님, 혹시 속이 불편하시거나 어디 편찮으신가요?"

"아니요, 그게 아니고 먹을 게 없어서요."

그의 말에 조금은 놀랐다. 나에게는 최고의 성찬인 기내식이 누군가에게는 아예 먹을 게 없다는 표현을 쓸 정도로 형편없다는 게 믿기지 않았다. 더구나 그는 일등석 손님이었다. 일등석의 메뉴는 최고의 메뉴들로 가득하다.

나는 재차 물었다.

"맘에 드는 메뉴가 없으신 거예요?"

"음, 비빔밥이고 스테이크고 좀 질리네요. 거의 매일 비행기를 타고 이동하다보니 그런 것 같군요."

"아, 그럼 기내식이 좀 질리실 법도 하겠네요."

그럼에도 솔직히 내 입장에서는 100% 공감이 가지는 않았다. 어떤 방법을 써야 할지 떠오르지 않아 그 자리에서 잠시 더 서성였다.

"사무장님, 저 신경 쓰지 않으셔도 됩니다. 그냥 쿠키와 오렌지 주스만 먹어도 괜찮으니 고민하지 마십시오."

그는 자리를 떠나지 못하는 내가 신경 쓰였는지 최대한 정중하게 말했다. 그때 한 가지 아이디어가 떠올랐다.

"손님, 그럼 이렇게 하면 어떨까요. 제가 저희 기내식을 조금 변형

시켜서 드릴 테니 드셔보실래요?"

"그게 무슨 말씀이세요?"

"일단 저를 한번 믿어보시고, 조금만 기다려 주세요."

나는 갤리로 돌아와 재료를 찾았다. 샐러드용으로 탑재된 여러 가지 채소 중에 큼직한 것들을 위주로 고르고 쌀밥과 스테이크를 같이 준비했다. 비빔밥 나물을 반찬으로 준비하고, 비빔밥에 사용되는 참기름을 종지에 담아 그 안에 후추와 소금을 넣어 기름장을 만들었다.

"손님, 이건 김모란표 쌈밥이에요. 기내식이 늘 지겨우셨을 텐데, 이렇게 한번 드셔보세요. 샐러드 채소를 쌈으로 사용하고 그 위에 스테이크 고기를 잘라 얹으세요. 참기름 장이랑 고추장도 함께 찍어 드셔보세요. 나름 색다른 기분이 나실 거예요."

결과는 나쁘지 않았다. 그분은 그릇을 싹싹 다 비웠다.

"정말 맛있었어요, 기내식의 대변신인 걸요. 그동안 비행기를 그렇게 많이 타 봤는데 왜 이런 생각을 못했을까요? 사무장님 덕분에 식사도 맛있게 하고 좋은 것 하나 배웠습니다!"

다른 업계도 아니고 외식업에 종사하는 사람이 그렇게 칭찬해 주니 더 기뻤다.

식사를 마친 후 음료수를 권했더니 오렌지 주스를 찾았다. 생각해 보니 그는 탑승 후 계속 오렌지 주스를 마시고 있었다.

"감기 기운 있으세요? 약은 드셨어요?"

"아니요, 저는 원래 감기약 잘 안 먹어요. 그 대신 비타민 C를 보충

한 잔의 물도 건네는 사람의 표정과 자세에 따라 의미가 달라진다.
언제 어디서나 맛볼 수 있는 물인지, 쉽게 접할 수 없는 귀한 물인지는
그 물을 건네는 사람의 손끝에서 결정된다.
세심한 배려가 담긴 말과 행동은 내 진심을 담아내고,
상대방을 귀한 사람으로 느끼도록 만든다.

하는 편이죠."

순간 또 다른 아이디어가 떠올랐다. 끓이는 용도로 사용되는 용기에 오렌지 주스와 그날 서비스용 과일로 탑재된 오렌지를 잘게 썰어 끓이기 시작했다. 다 끓여놓고 보니 왠지 그 느낌은 비타민 C의 결정체와 같다고나 할까? 한 사발 쭉 들이키면 감기가 뚝 떨어질 것 같았다.

"손님, 따뜻한 오렌지 주스 차입니다."

"네, 뭐라고요?"

"일단 드셔 보세요. 감기가 뚝 떨어질 겁니다."

그는 처음 보는 음료를 조심스레 마셨다.

"와! 이거 맛있는데요?"

그는 감탄을 하며 단숨에 들이켰다.

"오늘 사무장님께 많은 거 배워가네요. 감사합니다!"

내 맡은 바 일을 충실히 잘 해내는 것도 중요하지만 더 중요한 것은 그 일을 즐겁게 즐길 줄 알아야 한다. 즐거움 속에는 항상 새로움이 도사리고 있다. 즐길 줄 아는 이는 그것을 필요할 때마다 꺼내기만 하면 된다. 평소 주변에 신선한 아이디어가 끊이지 않는 이를 눈여겨 보라. 그가 남보다 다른 점이 있다면 바로 즐기는 자세일 것이다.

發散

매력은 다가섬이다

: 눈을 마주보는 것에서 시작하라

서비스 업종 관계자에게 아이 콘택트 Eye Contact 는 친숙한 단어다. 고객 응대법에서 빠지지 않고 나오는 단어이기 때문이다. 아이 콘택트는 꼭 서비스 업종 관계자에게만 중요한 것은 아니다. 모든 사람 관계에 있어서 중요하다. 대화를 하면서 상대방의 눈을 마주하는 것은 기본적인 예의이며 그 사람을 존중하고 있다는 표현이다. 이는 누구나 다 알고 있는 사실이기는 하나 실제로 이를 제대로 수행하는 사람은 많지 않다.

나는 이러한 경우를 카페나 식당에서 많이 목격한다. 상대방과 이야기를 하다가 주위에 지나가는 다른 사람을 쳐다본다든지, 식당 위에 켜놓은 TV를 보는 사람들이 많이 있다. 그러면 말을 하고 있던 사람은 섭섭한 마음이 생길 수밖에 없다. 상대방이 내 이야기를 듣고 있지 않다고 느끼는 순간 이야기를 하고 싶은 마음이 싹 사라지게 마련이다. 결국 그들의 대화는 온전히 지속되지 못하고 관계 또한 어색해질 수 있다.

상대가 이야기를 할 때 눈을 마주하고 집중해 줄 필요가 있다. 눈을 마주보는 것도 나름의 방식이 있다. 눈만 뚫어져라 쳐다보는 것은 상대에게 부담이 될 수 있다. 그러므로 상대방의 눈만 쳐다보는 것이 아니라 오른쪽 눈을 보았다가 왼쪽 눈을 보고, 눈과 눈 사이를 보았다가 고개를 끄덕이는 등의 표현을 할 때는 시선을 잠시 아래로 두었다가 다시 고개를 들어 눈을 마주치는 것이 좋다.

그렇게 하면 무언가 상대는 이야기를 진지하게 듣고 있으며 존중받고 있다는 느낌을 받을 수밖에 없다. 때론 입을 보는 것도 하나의 방법인데 이는 이성 간에는 조심하는 게 좋다. 상대방을 이성으로 느낀다는 의미로 받아들여질 수 있기 때문이다. 또한 오른쪽 눈과 왼쪽 눈을 번갈아 보는 건 흔히 멜로영화 주인공들의 눈빛에서 찾을 수 있다. 주로 남자 주인공이 감동적인 말을 하고 있을 때 여자 주인공이 남자 주인공을 쳐다보는 방법 중 하나다. 이러한 눈빛은 '당신에게 매료되었다.'라는 의미로 받아들여질 수 있다. 동성 간에는 피하는 것이 좋겠지만 호감을 갖고 있는 이성이라면 이 방법을 활용해 볼 필요가 있다.

내가 존중받고 싶으면 타인을 먼저 존중해야 함이 당연하듯, 내가 매력적인 사람이 되고 싶으면 먼저 상대방을 매력 있는 사람으로 만들어 주어야 한다. 상대방의 이야기가 꽤 흥미롭다는 듯이 맞장구를 쳐주고, 몸을 상대방을 향하도록 살짝 기울이며, 상대방의 눈을 바라보고 '당신의 이야기에 매우 공감하고 있다.'는 눈빛을 건네주는 것이 좋다. 그것이 상대방에게 기쁨을 주고 또한 상대가 당신에게 매력을 느끼게 하는 가장 좋은 방법이다. 그러면 상대방도 당신의 이야기에 반드시 귀 기울이고 화답을 해 줄 것이다.

: 한 발 먼저 다가서라

비행을 하다보면 때론 승무원 1인이 담당할 승객이 많게는 40명에서 50명에 달할 때도 있다. 무슨 일로 여행을 가는지, 일정은 얼마나 되는지, 비행 중에 필요한 사항은 없는지 확인하는 것이 좋은 서비스를 하기 위한 당연한 수순이기는 하나, 때론 승객들과 대화다운 대화를 나누기가 힘들 때도 많다.

그래도 내가 승객들 모두에게 관심이 있고, 친절하게 모시고 싶어 한다는 마음을 전하는 것이 좋다. 그래서 내가 고안해 낸 방법은 '첫 인상을 확실히 남기자.'였다. 나의 구역에 들어오는 승객들에게 가능한 한 개별적으로 다가가서 인사를 전했다.

"안녕하세요? 담당 승무원 김모란입니다. 오늘도 편안히 모시겠습니다."

"안녕하세요? 제가 도와드릴 일 없을까요?"

"어머, 손님. 신문 안 가져오셨네요. 신문 필요하신 것 있으시면 말씀해 주세요. 바로 가져다 드릴게요."

"아기가 정말 예쁘네요, 몇 살이에요? 아기 기저귀 교환대가 있는 화장실이 따로 마련되어 있으니 필요할 때 말씀해 주시면 제가 안내해 드리겠습니다."

또한 어린 승객들이 탑승할 때에도 맞춤형 인사를 잊지 않았다.

"안녕? 언니 이름은 김모란이라고 해요. 우리 친구 이름은 뭐예요? 필요한 거 있으면 언제든지 언니한테 얘기해요."

이렇게 남녀노소를 구분하지 않고 첫 대면 시 웃으며 인사말을 건네고 당신을 도와줄 준비가 되어 있다는 인식을 주면 승객들 또한 나에게 호의적으로 대해 준다.

서비스업에 종사하면서도 먼저 적극적으로 다가간다는 것이 생각처럼 쉽지가 않다. 나 또한 그런 기간을 수년을 보냈다. 특별한 용건 없이 고객에게 다가가 인사를 건네고 소소한 대화를 이어 가는 것이 민망하기도 하거니와 딱히 소재거리가 있는 것도 아니다. 그러나 그것은 당신의 문제만은 아니다.

상대방에게 먼저 다가갈 때 가장 중요한 건 상대를 남이라고 생각해서는 안 된다는 것이다. 세상을 혼자 살아갈 수는 없다. 살다보면 주변인에게 도움을 청하게 될 날이 오고 반대로 내가 도움을 주는 날도 있다. 그렇게 서로 도우며 살아가는 것이다. 내가 도움을 청해야 할 때 그 상대가 항상 친한 사람일 수는 없다. 때로는 청하기 어려운 사람에게도 어쩔 수 없이 부탁을 해야 할 상황이 오기도 한다. 그렇기에 어디서든 누구 앞에서든 좋은 인상으로 남아 있을 필요성이 있다. 친밀도가 낮더라도 평소 인상이 좋게 남아 있다면 상대방이 당신의 요구를 들어줄 확률은 그만큼 높아진다.

비행기 안에서의 상황도 마찬가지다. 승무원들은 기본적으로 승객들의 요구를 들어주는 입장이기는 하지만 때로는 승객에게 부탁을 해야 하는 경우도 있다. 예를 들면, 승객이 원하는 식사 메뉴가 다 떨어져 제공하지 못할 때가 가장 대표적이라 할 수 있다. 어쩔 수 없이 다른 메뉴를 선택해야 한다고 말하면 당사자는 기분이 좋을 수가 없다. 본인의 좌석이 뒤에 있다는 이유만으로 원하는 메뉴를 고를 수 없다면 그처럼 억울한 경우는 없다. 앞서 일례를 들었듯 비디오 시스템 고장으로 원하는 영상을 못 볼 때도 마찬가지다.

이럴 경우 승객과 사전 교류가 있었다면 승객에게 사과의 말을 전하고 다른 대안을 말하기가 훨씬 수월하다. 비행 내내 한 번도 나에게 친근하게 인사하지 않았던 사람이 갑자기 아쉬운 소리를 한다면 괘씸한 생각이 들 것이다. 사전에 둘만의 좋은 감정의 교류가 있었다면 굳이 그 좋은 감정을 해치고 싶지 않은 것이 사람의 심리이다.

이것은 비단 서비스인과 고객과의 문제만은 아니다. 직장에서 타 부서의 직원이라 할지라도 얼굴을 마주치면 먼저 밝은 미소와 함께 인사를 해보라. 그 사람 또한 당신에 대해 관심을 가지게 될 것이고 호의적인 마음이 생길 것이다. 나를 보며 웃어주는 얼굴을 마다할 사람은 전 세계에 아무도 없다.

: 인사가 만사다

요즘은 휴대폰으로 전화가 오면 화면을 통해 누가 전화를 걸었는지 바로 알 수가 있다. 바로 정보를 얻을 수 있는 신속함에 있어서는 두말할 나위 없이 만족스러우나 아쉬움도 있다. 바로 반가움의 표현이 현격히 준 것이다.

예전 집전화만 쓰던 시절, 그도 아니면 휴대폰 초창기 시절에는 이랬다.

"여보세요?"

"오랜만이야, 나 OOO야."

"어머! 이게 누구야? 정말 반갑다."

처음 들리는 목소리만으로도 충분히 상대방이 나를 어떻게 생각하는지 바로 알 수 있었다. 그러나 이제는 누구한테 전화가 온 건지 다 알고 있는 상태에서 전화를 받게 되니, 반사적으로 나오는 반가움이 다소 떨어지는 게 사실이다. 또한 너무나 습관적으로, 전화를 받는 첫 마디는 대부분 '여보세요'로 시작된다. 그게 윗사람이든 아랫

통화할 때 목소리는 나를 상징하는 지문이 된다.
직접 마주보고 이야기할 때와 달리
표정이나 눈 맞춤을 못하기에
목소리가 나의 모든 것을 담게 된다
그래서 더욱 중요하다는 사실을 기억해야 한다.

사람이든, 혹은 친구라 할지라도 일단 나오는 말은 '여보세요'이다.

좀 다르게 해보는 건 어떨까? 이왕이면 전화가 걸려온 상대방을 존중해 주고 기분 좋게 해줄 수 있다면 가장 좋을 것이다. 내 지인 중의 한 명은 자기 와이프한테 전화가 오면 "여보세요." 대신 "네, 여보!"라고 말하는 친구가 있다. 처음에는 그게 그렇게 낯간지러울 수가 없었다. 그런데 시간이 흐를수록 그 사람의 와이프가 부러웠다. "네, 여보!"라는 말 속에는 부인에 대한 애정, 존중의 의미가 모두 함축되어 있는 것 같았기 때문이다.

이것이 바로 우리가 모방해야 할 지점이다. 이왕이면, 지인에게 오랜만에 연락이 온 거라면, "여보세요." 대신 "아이고, 이게 누구야? ○○이 아니야?" 하면서 반가워해 보자. 한 단계 더 높은 단계는 여기에 애칭이나 그 사람을 표현할 수 있는 단어를 하나 덧붙이는 것도 방법이겠다. "이게 누구야? 예쁜 ○○이 아니야?", "사랑하는 내 친구 ○○이 아니야?", "아이고, 이게 누구십니까? 제가 평소 존경하는 ○○○ 부장님 아니십니까?" 등 친분과 유대감이 녹아든 맞춤식 인사말을 건네 보자. 아마 이런 인사말을 듣는 상대방은 어떤 목적으로 전화를 걸었든 일단 당신에게 호의를 느낄 것이다.

전혀 의외의 사람에게 온 전화라 할지라도 반갑게 전화를 받고 그 사람을 표현할 수 있는 단어를 생각해 붙여보자. 벨소리가 울릴 때 2~3초만 생각하면 된다. 어떤 인물이라도 이미지란 것이 남게 마련이다. 인간은 그렇게 설계되어 있다. 떠오르는 여러 가지 이미지 중 비교적 긍정적인 인상을 떠올리고 그에 합당한 단어를 찾아내면 된다.

"멋쟁이 상무님이 어떤 일로 이리 전화를 다 주셨습니까?"

당신의 목소리를 들은 상대방은 불과 1초 만에 기분이 좋아지고 당신은 그에게 매력덩어리가 될 수 있다.

전화 통화 시에 첫 인사말이 중요했다면, 대면하고 인사할 경우에는 표정이 중요하다. 진심으로 반가운 마음을 얼굴에 담아야 한다. 나는 학생들에게 환한 얼굴 표정을 짓는 연습을 시킬 때 이렇게 이해시킨다.

"인사를 할 때에는 네가 가장 좋아하는 연예인이 앞에 있다 생각하고, 네가 꿈에 그리던 그 연예인에게 인사한다고 생각해 봐."

그러면 학생들 표정이 연습을 하기도 전에 벌써 환해진다. 눈은 반달눈이 되고 입은 찢어진다. '웃을 때에는 위아래 입술을 자연스럽게 다물고 입술을 볼 위로 끌어올려야 한다.'라고 수많은 이미지 메이킹 책에 대해 나와 있긴 하지만, 내 생각에 이건 너무 인위적이다. 이러한 매뉴얼에 의한 웃음은 진정한 웃음, 미소가 아니다. 웃을 때에는 진정 기분 좋은 마음이 되어 있어야 자연스러운 미소를 지을 수 있다.

하지만 안타깝게도 우리가 마주하는 사람이 늘 기분 좋은 상대는 아니다. 때문에 연상을 할 수 있어야 하고 그것을 연기할 수 있어야 하는 것이다. 내 앞에 있는 사람이 마치 원빈이나 김태희인 것처럼 가정을 하고 바로 미소 지을 수 있는 훈련을 해야 한다. 이런 훈련은 누구나 할 수 있고, 또한 거울 하나만 있어도 된다. 별도의 비용이 드는 것이 아니다.

오늘도 거울 앞에 서서 상상해 보자. 누군가가 날 보면서 얼굴에 꽃이 피듯이 만면에 환한 미소를 지으며 반갑게 인사를 건넨다면 당신의 기분은 어떨 것 같은가? 그 순간부터 무슨 일이든 잘 풀릴 것 같은 기분이 들 것이다. 내가 그런 사람이 된다면 그보다 멋진 일은 없을 것이다.

그리고 또 하나, 상대방에게 좀 더 친근감을 주고 싶다면 가벼운 스킨십을 더 하는 것도 좋다. 인사를 하며 가벼운 악수를 청하거나, 가볍게 어깨를 토닥여 주는 정도의 스킨십은 상대에게 친근감을 주고 관심 받고 있다는 느낌을 줄 수 있다.

당신의 사소한 행동 하나로 상대방의 기분이 좋아진다면, 당신은 십 원 한 장 안 들이고 호감을 살 수 있다.

상대방과 인사를 나누는 시간은 매우 짧다. 찰나의 시간이라고 해도 과언은 아니다. 대부분의 사람들은 상대방과 인사말만 나누고 스치듯 지나친다. 그러나 짧은 인사로도 상대방에게 확실하게 좋은 이미지로 각인될 수 있다. 그 방법은 바로 인사 + a에 달려 있다.

즉, 인사를 건넬 때 인사만 하지 말고 무언가 하나를 더 추가하라는 말이다. 이왕이면 상대방에 대한 표현과 감상을 덧붙이는 것이 좋다.

"안녕하세요? 오늘 입은 코트가 정말 멋진데요! 완전 패셔니스타시네요." 하며 미소를 짓는 것이다. 혹은 "오늘 화장이 너무 화사해요! 봄이 오는 게 느껴지는데요?", "헤어스타일이 바뀌셨네요. 정말 잘 어울리세요!" 이와 같은 관심의 표현, 즉 '내가 이전에 당신의 모습을 기억하고 있는데 오늘은 특별하게 더 좋다.'라는 인사를 할 수 있다면 최상이다.

물론 사람에 따라서는 상대방의 외모 변화에 민감하지 않은 사람도 있다. 그런 경우에라도 상대방에 대한 칭찬은 아끼지 말아야 한다. 이럴 때는 "젊어 보인다.", "오늘따라 지적으로 보인다." 등 뭉뚱그려서 말하는 것도 방법이다.

이런 말에 상대는 다소 생뚱맞다고 느낄 수 있겠지만 칭찬을 듣고서 불쾌해 하는 사람은 없다. 이제 충분히 숙지했다면 가장 먼저 눈에 보이는 이에게 이 방법을 실천해 보자. 반응이 나쁘지 않을 것이다.

마지막으로 인사를 할 때의 순서에 대해 말하고 싶다. 결론부터 말하자면 인사에는 순서가 없다. 우리나라 사람들은 먼저 허리를 숙이는 것을 터부시하는 경향이 있다. 또한 인사는 무조건 아랫사람이 먼저 하는 것이라고 배운 것도 아닌데, 윗사람은 아랫사람이 고개를 숙이기 전까지 인사하지 않는다. 심지어 인사를 먼저 할 때까지 빤히 쳐다보며 기다리는 경우도 있다.

인사는 누가 먼저 해야 하는 법이 있는 것이 아니다. 상대방을 먼저 본 사람이 인사를 하면 된다. 상대방에게 내가 먼저 인사를 했다고 내가 그 사람보다 아랫사람이 되는 것이 아니며 손해를 보는 것도 아니다. 그렇게 내가 먼저 알아보고 인사를 건넨다면 상대방은 내심 나를 먼저 알아보지 못한 것을 미안해할 것이다.

옛말에 '지는 것이 이기는 것이다.'라는 말이 있다. 나는 이렇게 얘기하고 싶다. '먼저 인사하는 것이 이기는 것이다!'

: 경청도 자세에 따라 다르다

나는 말하는 것을 좋아한다. 어렸을 적부터 그래왔던 것 같다. 그래서 나는 늘 듣는 것보다 말하는 것에 더 신경을 많이 썼었다. '어떻게 하면 더 말을 잘할까?', '어떻게 하면 말을 더 조리 있고 재미있게 할까?'에 더 관심이 많았다. 그런데 승무원이 되고 몇 해가 지나면서 말을 하는 것보다 듣는 것이 훨씬 중요하다는 것을 깨달았다. 말을 잘하는 이보다는 잘 듣는 이들이 주위에서 인정을 더 받았고, 그에 대한 좋은 이미지가 오래가는 것을 보았기 때문이다.

도대체 잘 듣는다는 것은 무엇인가? 주변을 살펴 듣기를 잘하는 사람을 발견할 때마다 모방을 하려고 노력했다. 그런데도 생각만큼 잘되지 않았다. 경청하려고 인내력을 발휘하지만 결국 예전대로 말을 하고 싶은 욕구를 참기가 힘이 들었다. 상대방의 말이 끝나지도 않았는데 그 말을 끊고 내 의견을 피력하고 싶어졌으며, 그도 아니면 이야기를 듣는 도중에 내가 무슨 이야기를 할지 준비하고 있었다. 당연히 이는 올바른 경청법이 아니다.

경청이라 함은 귀를 기울여 듣는 것을 뜻한다. 상대방이 이야기를 할 때 머릿속으로 다른 생각을 하지 않고 온 신경을 기울여 들어줘야 한다는 말이다.

그런데 그랬던 내가 진정한 경청의 경험을 하게 된 계기가 있었다. 바로 애인과의 대화에서였다. 내가 좋아하는 사람이 말할 때 나는 온 감각기관을 동원해 그의 목소리에 집중하고 있었다. 그의 존재 자체를 존중하고 있었기에 그의 말을 중간에 자른다는 것은 상상도 할 수 없는 일이었다. 그의 말을 조금이라도 더 듣고 싶고 그의 목소리를 느끼고 싶었다.

그러고 보면 나는 '경청'을 전혀 못하는 사람은 아니었다. 그런 경험을 하고 난 후 이 경청법을 확대해 보기로 했다. 누가 되었든 상대방에 대한 호의를 가지고 상대가 이야기를 할 때 그의 눈을 바라보고, 집중해서 그의 입장이 된 것처럼 반응을 해주었다.

가장 중요한 것은 상대방의 이야기를 끝까지 다 들어주어야 한다는 것이다. 그리고 그 내용을 충분히 이해하고 공감해야 한다. 그 사람의 입장이 되어 내가 그 사람이었으면 지금 내 기분이 어떨지, 감정이입을 하면서 끝까지 듣는 것이 중요하다. 그 이후 상대방의 이야기를 정리하여 확인하고 질문을 한다.

예를 들어, 비행기가 연착이 되어 본인의 짐을 찾지 못했다고 승무원에게 하소연 할 때, 사실은 짐(수하물)과 관련된 일은 승무원의 업무 영역과는 다른 분야이므로 그냥 넘길 수도 있다.

"죄송하지만, 그 분야는 저의 업무가 아니라서 담당 부서로 직접 가셔야 합니다."

이렇게 딱 잘라 말할 수도 있다. 그리고 혹자는 이것이 더 깔끔한 일처리라고 판단할 수도 있다. 그러나 우리는 깔끔한 일처리를 위한 방법을 강구하는 것이 아니다. 하소연하는 입장에서 유니폼을 입은 상대는 모두 연관된 사람으로 보는 경향이 있고 이 판단이 그렇게 틀린 것도 아니다. 즉, 나는 내가 아니라 내가 속한 회사를 상징하게 되는 것이다. 따라서 그의 불만사항을 끝까지 공감하면서 경청해야 한다.

"네, 손님. 저도 LA에서 도착한 비행기가 연착됐다는 소식은 들었습니다. 현지에서도 비행기가 지연되어 많이 기다리셨죠? 더욱이 짐까지 확인받을 수 없으셨으니 많이 답답하셨겠습니다. 그래서 결국 짐이 현재 어디에 있는지 모르신다는 거죠? 제가 담당부서 직원에게 한번 알아보겠습니다. 잠시만 기다려 주시겠습니까?"

'듣기 – 이해와 공감 – 끝까지 듣기 – 정리 및 질문'의 순서로 경청의 자세를 습관화한다면 그 어떤 불만을 터뜨렸던 승객도 당신의 태도에 화를 누그러뜨릴 것이다. 결국 경청은 태도다. 진지한 자세로 귀를 기울이는데 어느 누가 계속 화를 내겠는가? 심지어 어떤 승객들은 이런 반응까지 보인다.

"아니에요, 괜찮아요. 아가씨 부서 일도 아닌데요, 뭘."

"아닙니다. 저희 회사 일이고 제 고객의 일인 걸요. 완전히 제 일이 아니라고도 볼 수 없죠."

이렇게 대응할 수 있다면 그 직원은 고객에게 그 순간부터 김태희보다 더 예뻐 보이기 시작할 것이다.

: 때론 배우가 되어야 한다

난 학생들에게 이런 얘기를 자주 하곤 한다.

"승무원은 반은 연기자가 되어야 한다."

난 미혼이다. 그리고 아기를 별로 좋아하지 않는다. 내 또래 여성들은 대부분 이미 결혼을 해 아이를 낳았다. 아직 미혼인 사람 중에서도 아이가 낳고 싶어서 결혼을 하겠다는 친구가 있다. 하지만 나는 이 나이가 되어서도 아직 그 마음이 이해가 가지 않는다. 철이 덜 든 것이라고 할 수도 있겠으나 아직 어머니가 되기보다는 일을 하고 그 속에서 계속 성장하는 한 사람이고 싶다.

나는 예전부터 친척집에 가서도 그 집안의 아이들과 놀아주는 것에는 완전 젬병이었다. 아기도 내가 진심으로 좋아하지 않는다는 것을 아는지, 나한테만 안기면 바로 울음을 터트렸다.

승무원이 되고 난 후 가장 곤혹스러웠던 것도 바로 이 부분이었다. 비행기에 아기가 탑승하면 정말 난감했다. 담당 승무원이니 아기한테 관심을 가져주고 가끔 아기 엄마가 화장실을 간다거나 식사를 할 경우에는 대신 아기도 봐주고 해야 하는데, 난 정말 자신이 없었다. 아기를 안는 방법도 잘 몰랐을 뿐더러 아기랑 단 둘이 있을 때 어떻게 해야 하는지 난감하기 이를 데 없었다. 나를 보면 친척 아이들도 우는데 객실에 탄 아이들이라고 해서 다르지 않았다. 그래서 되도록 아기가 탑승하면 다른 동료 승무원에게 부탁하곤 했다.

그렇지만 언제까지 아기를 피할 순 없었다. 부딪혀야 했다. 아기도 승객인 만큼 내 구역의 승객을 다른 사람 손에 맡기는 것은 승무원으로서 자존심이 상하는 일이기도 했다. 그래서 마음먹은 것이 '연기'였다. 마음속 깊은 곳에서부터 아기를 갑자기 좋아할 수는 없어도, 적어도 '난 네가 정말 예쁘고 좋단다.'라는 느낌을 받을 수 있도록 아기 앞에서 연기를 했다.

아기가 탑승하면 먼저 다가가서 눈을 맞추고, 그 작은 손을 잡아주었다. 그리고 최대한 상냥한 표정을 지으며 말했다.

"안녕? 나는 모란 언니라고 해. 너 정말 예쁘게 생겼구나! 12시간 동안 언니랑 친하게 잘 가보자!"

당연히 아이는 내 말을 알아듣지는 못했다. 그러나 느낌이라는 것은 충분히 전달되리라 믿었다. 그랬더니 신기하게도 그 아이가 두 눈을 똥그랗게 뜨며 날 바라볼 뿐 울지를 않았다. 그것이 시작이었다. 그 이후 나는 아이들 앞에서 떨지 않았고 주저하지도 않았다.

생각해 보면, 나는 그동안 아기들과 소통할 기회가 별로 없었고,

따라서 아기를 보는 법도 잘 몰랐다. 더구나 노력도 하지 않았으니 아기들이 나만 보면 우는 것은 어찌 보면 당연한 일이었다. 아기가 울면 나는 또 다시 피했다. 악순환의 연속이었다.

연기의 완성도를 위해 나는 결혼한 선배들에게 아기 안는 방법부터 아기 트림시키는 방법, 아기들이 울 때 다른 곳으로 관심을 돌리는 방법 등을 배우고 익혔다. 기술을 숙달시키기 위해 일부러 많은 아이들을 안아도 보고 우는 아이를 달래보기도 했는데, 그러다보니 어느 순간부터는 아기들이 진짜로 예뻤다. 아기를 보고 왜 천사라고 하는지 알게 됐다고 할까? 아무튼 아기들은 더 이상 날 보며 울지도 않았다. 오히려 울다가도 내가 어르면 울음을 뚝 그치기도 했다.

미국 캘리포니아 대학의 연구 결과에 따르면 슬픈 연기를 오래한 배우일수록 우울증과 같은 질환에 걸릴 확률이 높다고 한다. 나의 경험으로 볼 때 상당히 신빙성이 있는 연구 결과라고 생각한다. 연기로라도 예쁘다는 표현을 하다 보니 실제로 아기들이 예쁘게 느껴지지 않았는가.

그렇지만 연기와 가식은 구분되어야 한다. 연기는 충분한 감정이입, 즉 진심이 내포되어 있지 않으면 빛이 나지 않는다. 작위적, 가식적으로 보일 뿐이다. 아기를 좋아하지도 않는데 거짓으로 사람들이 보는 앞에서만 아기를 예뻐하는 척을 했다면 가식적인 사람이 되는 것이고, 아기를 현재는 좋아하지 않지만 친해지고 싶은 마음으로 아기에게 다가간 것이라면 그것은 연기가 되는 것이다. 물론 가식이든 연기든 난 서비스업을 하는 사람들에게, 더 나아가 사회생활을 하는 사람에게 있어 어느 정도는 필요한 요소라고 생각한다. 그러나 이왕이면, 가식보다는 진심이 담긴 연기로 내키지 않은 상대에게 다가가 보는 것은 어떨까?

: 인내심이 강한 사람이 매력적이다

  승무원 생활에 푹 빠져 있었을 무렵, 회사에서 나에게 '객실 서비스 품질평가제도'를 만들어 보지 않겠냐고 제안했다. 나는 내 손으로 우리 항공사의 서비스 품질을 높이는 일을 할 수 있는 기회라고 생각하고 그 제안을 흔쾌히 받아들였다. 나를 포함한 3명이 그 작업을 맡았고 약 3개월 동안 사무실 근무를 하게 되었다. 다른 두 멤버는 여타 제도를 만들고 실행하는 업무를 경험한 바 있었지만, 나는 그런 업무를 한 번도 해 본 적이 없었다. 하긴 승무원 출신이 그런 일을 맡는다는 것 자체가 흔한 일은 아니었다.

  처음 접하는 일이기에 문제가 발생할 거라 미리 짐작하고 있었지만 그건 어디까지 내 업무 숙련도에서 오는 일이라는 판단이었다. 그러나 전혀 다른 곳에서 문제가 발생했다. 바로 인간관계였다. 일시적이긴 하지만 엄연히 같은 공간, 같은 일을 하는 동료인데 한 명이 나를 몹시 못마땅하게 여겼다. 그는 승무원을 마치 '하급부서' 사

대한항공 객실훈련원 신입승무원 강사 시절의 모습.
난 당시 꽤나 엄하고 무서운 강사로 유명했다.
하지만 정작 교육을 마치고 수료식을 할 때면
훈련생들보다 내가 더 많이 울었다.
마치, 딸을 시집보내는 친정 엄마의 마음이 되곤 했다.

람인 것처럼 대했다. 승무원처럼 서비스를 몸으로만 해 봤던 사람이 어떻게 정책을 만들고 제도를 만들 수 있겠냐는 것이 그의 판단이었던 듯하다. 반면 나는 승무원으로서의 자긍심이 하늘을 찌르고 있었던 사람이었으므로 그 사람의 그런 언행이 매우 거슬렸고, 그런 감정이 쌓이다보니 그를 쳐다보기도 싫었다.

처음 겪는 일이었다. 애초에는 회사의 제안을 떠나서 온전히 좋은 의도를 가지고 그 일을 시작했으나 언제부터인가 출근하는 것 자체가 끔찍해졌고 그 사람의 얼굴을 마주할 생각만으로도 짜증지수가 확 올라갔다. 심지어 원형 탈모까지 생겼다. 그런 스트레스는 이전에 겪어본 적이 없었기에 나는 적극적으로 그 상황을 탈피하고 싶었다. 종국엔 생전 해보지도 않은 새벽기도를 하기 시작했다. 그 이전까지는 주로 일주일에 한 번 성당에 갈 때에만 의무적으로 해오던 기도를 매일매일 새벽에 일어나 자발적으로 하게 된 것이다.

"하느님, 제발 오늘은 그 사람을 미워하지 않게 해주세요."

그게 나의 새벽기도의 주제였다. 그렇지만 하느님은 내 기도에 응답을 하지 않으셨다. 다만 출근 전에 다짐을 하고 또 다짐을 하게 해주셨다. 그러나 다짐은 다짐일 뿐 출근하자마자 그를 마주치기만 해도 내 가슴속에서는 미움이 샘솟았다. 내 마음이 지옥의 불밭이니, 업무가 제대로 될 리 만무했다. 그래서 난 연기를 하기 시작했다. '미워하는 마음을 가지지 말자.'라고 되새기며, 그 사람이 하는 말을 잘 이해하고 있는 듯, 우리가 의사소통이 잘되고 있는 듯 연기했다.

그렇게 참고 견디는 시간이 어느덧 3개월이 지나자 나에게도 변화가 생겼다. 어느새 그에게 측은지심이 생긴 것이다. 그는 인생 자체가 회사였다. 회사를 위해 모든 것을 투자하는 사람이었다. 때문에 회사에서 인정하는 직원일지는 몰라도 한 인간으로 보았을 때에는 친구도, 취미생활도 없어 보였고 삶이 행복해 보이지 않았다.

'저 사람도 참 불쌍한 사람이구나…….'라고 생각하니 그가 안쓰러워졌다. 그런 생각이 들기 시작하자 그에 대한 미움은 사라져 갔고 오히려 그를 미워했던 것이 미안해지기 시작했다. 그리고 이제부터는 미워하지만 말고 따뜻한 말 한마디라도 진심으로 건네자는 생각이 들었다. 내 연기가 통한 건지 진심이 전해졌는지는 잘 모르겠으나, 나를 향한 그의 이유 없는 멸시도 조금씩 사그라져 갔다.

그 일이 있은 후에 난 믿게 되었다. 내가 가고자 하는 방향으로 노력하면 언젠가 내 뜻이 이루어지듯, 내가 되고 싶은 사람을 진심으로 염원하면 내 마음도 그렇게 바뀌게 된다는 것을. 그리고 진심에서 피어난 매력은 타인에게도 반드시 전해진다는 것을…….

〈김모란의 DREAM NOTE〉 NO.3
"꿈의 줄기를 올려라"

10년의 계획들을 세우고 단기 계획을 세우는 일만으로도 행복한 작업이다. 내 미래의 모습이 내 눈앞에 그려지고 그게 현실화된다고 상상해 보라. 얼마나 행복한가? 그러나 모든 사람들의 계획들이 생각대로 척척 이루어지진 않는다. 누군가는 계획한 바를 이루고, 또 누군가는 실패를 맛볼 것이다. 그럼 그 차이는 어디서 오는가? 나는 본인의 노력에서 온다고 본다. 물론 운도 따라야 한다. 운칠기삼運七技三 이라는 말도 있지 않던가! 그러나 운도 본인이 노력을 해야 따라주는 법이다. 나는 노력을 하나도 안했는데 운만 좋아서 그 일이 이루어졌다면 그 일은 오래 가지 못할 거라고 생각한다. 준비가 되지 않은 상태에서 일이 성사되었다면, 내가 그것을 처리할 능력이 없으므로 오히려 일을 중간에 그르치게 될 것이기 때문이다. 운도 노력이 충분했을 때에 같이 따라와 줘야 그 합이 이루어진다고 볼 수 있다.

학생들과 상담을 하다보면 노력은 별로 하지도 않으면서 꿈만 이루고 싶어 하는 하는 경우가 간혹 있다. 나는 이것을 '도둑놈 심보'라고 한다. 땅에 씨앗을 심었다면 열심히 물도 주고 거름도 주어야 열매를 맺는 법이다. 씨앗만 심고 아무것도 하지 않는다면 그 열매가 제대로 열리겠는가? 모든 세상만사가 다 비슷한 원리인 듯하다.

$$꿈의 실현 = (노력)^n$$

꿈의 실현은 노력의 n승이라고 말하고 싶다. 순수한 나만의 노력으로 얻어낸 성과여야 내 스스로 자랑스럽고 뿌듯할 것이다. 잊지 말자. 꿈의 실현은 누가 노력을 더 많이 하느냐에 달렸다는 것을!

그렇기에 나는 인생의 계획서를 꼼꼼히 정리하라고 다시 한 번 권하고 싶다. 가끔은 나태해지기 마련이다. 사람이 어떻게 매일 긴장만 하고 살겠는가? 분명히 힘들고 지칠 때가 올 것이다. 그럴 때마다 과거에 목표를 달성했던 기록들을 다시 펼쳐보면, '그래, 다시 한 번 해보자!'라는 마음이 생겨날 것이다. 남이 이미 해놓은 행적을 보며 내 자신을 일으킬 수도 있지만, 나는 내가 이루어 냈던 과거 행적을 보며 내 스스로를 부추긴다.

'예전에도 힘들었지만 잘 해냈었잖아. 이번에도 잘 해낼 수 있어! 빨리 해 버리고 다음 단계로 넘어가 보자!'

그런데 참으로 희한한 일은, 내가 그토록 꿈에 그리던 일을 성취한 후 오히려 허탈

⋮ 난 학생들에게 학문을 가르치는 교수의 모습보다는
삶의 이정표가 되는 사람이 되길 원한다.
나와 우리 학생들은 전문대학교 학생이라는 공통점이 있다.
스펙을 신경 쓰는 학생들이 보일 때면 나는 이렇게 이야기한다.
"스펙이 중요하지만, 그게 다는 아니야. 평범한 나도
이 자리까지 왔잖니? 정말 중요한 것은 내가 세상에 보여주고 싶은
나만의 것이 무엇인지 아는 거야."
그들의 꿈이 지금보다 더 커지고 웅대해지길 간절히 바란다.

감이 밀려든다는 것이다. 이것을 '성취 후 우울증'이라고 한다. 얼마 전 뉴스에서 우리나라 최고의 S대학교에서 지난 10년간 20명의 학생이 자살했다는 소식을 전했다. 언뜻 생각하면 잘 이해가 되지 않는 일이기도 하지만, 나 또한 '성취 후 우울증'을 경험해 본 적이 있었다. 내가 소망한 목표들을 밤낮으로 열심히 노력해서 이루고 나니 허망하고 허탈했다.

'이제 나는 어떻게 살아야 하나?' 하는 의문도 있었고, 이젠 뭘 해도 신이 날 것 같지가 않았다. 오히려 암흑 속에 홀로 떨어진 사람 같았고, 짙고 뿌연, 한치 앞도 보이지 않는 안개 속에 나 홀로 서 있는 기분이었다. 그때까지만 해도 나의 계획들은 일과 관련된, 혹은 공부와 관련된 것이 전부였었다. 그래서 그것을 성취하고 나니 희망이 없었다. 나는 우울증을 극복하는 데 꽤나 많은 시간이 걸렸으며, 혹독하게 그 시간

을 견뎌내야 했다. 그때 얻은 나의 교훈이 바로, "무엇이 되기보다는 어떻게 사느냐가 중요하다!"라는 것이다. 내가 어떻게 살고자 한다는 인생의 큰 그림을 가지고 있다면, 이것은 내 인생 전체에 해당되는 의지이므로 쉽게 흔들리지 않게 되고 허탈할 일이 없다. 그리고 장기간의 계획을 매년 세우게 된다면 내 자신이 가야할 길이 명확하게 보이게 되므로 안개 속에 혼자 서 있는 기분은 들지 않을 것이다.

나의 길을 포기하거나 이탈하지 않는다면 언젠가 안개는 걷히고 나의 길이 명확히 다시 보이게 될 것이다.

CHARMING
POWER

매력의 확산

꼭 찾아야 할 '나만의 빛', 나는 그것을 '매력'이라고 생각한다.
매력이야말로 다른 사람은 갖고 있지 않은 나의 가장 빛나는 모습이자,
충실히 쌓아서 내 생애에 꼭 맺어야 할 결실이다.
그래서 성공한 사람들의 뒷모습을 쫓거나 흉내 내는 것보다
자신의 진심을 들여다보는 것이 무엇보다 중요하다.
세상에 통하는 하나뿐인 나의 진심이 바로 매력이기 때문이다.

먼저, 표현하라

擴散

: 상대방이 듣고 싶은 말을 찾아라

승객 탑승이 시작되었다. 다양한 국적의 사람들이 각양각색의 계획을 가지고 비행기에 올랐다. 그날은 짧은 국제선으로 분류되는 서울 – 일본 노선이었던지라 나는 조금 가벼운 마음으로 비행기에 올랐다. 그런데 승객 탑승 도중 한 아주머니가 불안한 기색을 보이며 나에게 다가왔다.

"아가씨, 이 비행기 안에서 가장 안전한 자리가 어디에요?"

예감이 좋지 않았다.

"손님, 무슨 일 있으세요?"

"아니, 꼭 무슨 일이 있는 건 아니고요. 제가 공항에서 받아온 자리가 안전한 자리 같지가 않아서요."

비행기 좌석 중에 더 안전하고 덜 안전한 자리가 어디 있겠는가? 물론 비상구 근처의 자리에 앉으면 비상사태 발생 시 조금 더 빨리 탈출할 수는 있겠으나, 그 비상사태라는 것이 어떤 유형으로, 어떤 위치에서 발생할지는 아무도 모른다. 그렇기에 승객들에게 어떤 자리가 더 안전하고 나은 자리라고 말할 수는 없다. 그렇지만 승객이 그렇게 말하니, 일단 받아주는 시늉이라도 해야 했다.

"어디 좌석을 받아오셨나요?"

내 물음에 그녀는 좌석표를 내밀었다. 확인해 보니, 일반석 통로 방면 좌석이었다.

"손님, 제가 보기엔 이 좌석은 매우 안전한 자리예요. 통로 측 좌석이니 만약에 무슨 일이 생기면 제일 먼저 탈출구로 달려 나오실 수 있어요. 이 자리 굉장히 좋은 자리예요."

나는 거듭 안전함을 강조했다. 그러자 그녀의 얼굴이 대번 밝아졌다.

"그래요?"

"네, 안심하세요."

나는 그녀를 좌석으로 안내했다.

그런데 이 승객이 자리에 앉은 후에도 계속 주위를 두리번거렸다. 그러더니 밝았던 안색이 다시 어두워지고 있었다. 뭔가 심기가 불편한 게 틀림없었다.

"손님, 어디 불편하세요? 제가 도와드릴까요?"

"이 비행기 안전한 거 맞죠? 혹시 비행기가 중간에 떨어지거나 그러지는 않겠죠?"

좋지 않았던 나의 첫 예감이 맞았다. 단순한 손님이 아니었다.

"손님, 현존하는 교통수단 중에 가장 안전한 교통수단이 비행기예요. 지상에서 교통사고가 날 확률보다 수천 배 수만 배 낮으니 걱정 마세요."

"그래도 혹시 모르잖아요. 그리고 이렇게 비행기에 사람이 많은데 누가 어떤 문제를 일으킬지 알 수가 없잖아요. 혹시 사고라도 나면 저는 언제 빠져나가요? 제 앞에 사람들이 이렇게 많이 있는데……."

"손님, 제가 K항공에서 비상 탈출을 가르치는 교관이거든요. 아마 비상탈출은 제가 제일 잘할 거예요. 손님하고 약속할게요. 무슨 일이 생기면 손님 손을 제일 먼저 잡고 맨 처음으로 탈출시켜 드릴 테니 염려 마세요!"

'실전을 연습처럼, 연습을 실전처럼 하라.'는 말이 있다.
어떠한 위급 상황에서도 당황하지 않고 침착하게 행동하려면
평소 자신이 현업에서 일하고 있다고 생각하면서 공부해야 한다.
난 우리 학생들에게 항상 실전에 임한다는 자세로 공부하라고 강조한다.

"정말이에요?"

그녀의 표정이 다시 밝아졌다.

"네, 그럼요. 약속할게요!"

내 말이 떨어지자마자 그녀가 오른손 새끼손가락을 내밀었다. 처음 겪는 일이라 당혹스러웠지만 난 내색하지 않고 단단하게 새끼손가락을 걸고 손바닥으로 '복사'까지 했다. 그 승객은 긴 한숨을 내쉬더니 한쪽 손으로 가슴을 쓸어내렸다. 그 모습을 보며 나는 내 자리로 돌아왔다.

짧은 비행시간이었기에 정신없이 일을 하는 와중에 목적지에 거의 다다랐다. 나는 그 승객에게 갔다. 아무런 콜이 없었기에 안심하고 있었지만 그래도 혹시 모를 일이었다. 그녀는 다행히 편안하게 기대어 눈을 감고 있었다.

비행기가 공항에 도착한 후 모든 승객들이 일제히 일어나 본인들의 짐을 내리고 출입구 쪽으로 몰려나가는 틈을 비집고 나는 그 여자 승객에게 다가갔다.

"손님, 잘 오셨어요?"

내 물음에 그녀는 내 손을 덥석 잡았다.

"아가씨, 고마워요. 아가씨 덕분에 내가 생전 처음 비행기에서 잠을 잤네."

"다행이네요. 원래 비행기 타는 거 많이 무서워하시나 봐요."

"아니, 그런 게 아니라 내가 원래는 그런 사람이 아니었는데……. 사실은…… 사실은 내가 삼풍백화점 무너졌을 때 거기에 있었거든."

그제야 모든 상황이 이해가 갔다.

"내가 그 잔해에서 살아나온 사람이야. 그 사건 이후로 내가 비행기를 못 타요. 비행기만 타면 떨어질 것 같고 사고가 날 것 같아서. 그래서 웬만하면 비행기를 타지 않는데 오늘은 급한 일이 생겨서 할 수 없이 타긴 했지. 사실 며칠 전부터 걱정이 되서 잠이 안 오더라고. 그런데 아까 승무원 언니가 내 손을 잡고 제일 먼저 탈출시켜 준다고 하니 어찌나 마음이 놓이던지……. 그래서 내가 맘 편히 잠도 잘 수 있었어. 고마워요. 아가씨!"

그러면서 그녀는 명함을 내밀었다. 알고 보니 강남에서 큰 레스토랑을 경영하는 사장님이었다. 꼭 한 번 식사를 대접하고 싶으니 찾아오라고 신신당부했다.

사실 내가 했던 말이 그 승객에게 그렇게 큰 영향을 줄지는 몰랐다. 단지 불안감을 덜어주고자 했을 뿐이었다. 그런데 그 승객은 그 말 한 마디에 10여 년간 가지고 있던 트라우마를 잠시 잊을 수 있었다니 그저 놀라울 따름이었다.

우리는 가끔 말을 너무 쉽게 해 버리는 경우가 있다. 내 말 한마디에 상대방은 울고 웃을 수 있고, 또 내 말 한마디가 상대방을 두려움에 떨게 할 수도 있는데 말이다. 만약 내가 그 시점에 그 승객의 염려를 덜어주는 대신 "손님, 안전하고 덜 안전한 자리가 어디 있어요?

어차피 비행기 떨어지면 다 죽어요!"라고 얘기 했으면 어땠을까? 그 뒤에 벌어질 상황은 상상만으로도 어지럽다.

말이란 뱉으면 도저히 주워 담을 수 없다. 때문에 참 어렵고 피곤한 일이지만 항상 긴장하면서 말실수를 하지 않도록 해야 한다. 조금 피곤하더라도 말하기 전 반드시 점검해 보자.

상대를 배려하는 말 한 마디가 나의 가치를 높여주는 중요한 키워드가 될 수 있다.

: 예상하지 말고, 확인하라

비행을 시작하기 전 브리핑 시간에 내가 종종 하던 말이 있다.

"사랑한다고 말하지 않으면 상대방은 내가 그를 사랑하는지 몰라요."

연애의 기술에 대한 얘기가 아니다. 고객에게 사랑을 고백하라는 얘기는 더더욱 아니다. 다만 고객에게 관심을 가지고 그 관심을 표현하라는 말이다.

우리나라 사람들은 상대방에게 먼저 다가가 말하는 것을 참 어색해 한다. 일반인들만 그런 것이 아니다. 많은 사람을 대하는 서비스 업종 종사자들도 고객에게 다가가 말 붙이는 걸 어색해 한다. 이 어색함을 극복하는 것은 왕도도 없고 지름길도 없다. 그저 많은 시도뿐이다. 많은 시행착오를 겪어보고 상황에 대처하는 방법을 기르는 것이 최선의 길이다. 하지만 말처럼 쉽지 않다. 지구엔 60억 명의 사람이 있다. 그 말은 60억 가지의 개성이 있다는 말과 같다. 때문에 같은 말을 해도 반응은 모두 다르기에 변수에 대처해야 하며, 친절함을 항상 유지해야 문제없이 일을 처리할 수 있다. 서비스업 관계자뿐 아니라 일반인도 마찬가지다. 상대를 존중하고 친절함을 유지해야 그나마 수많은 변수가 존재하는 인생살이가 평탄해진다. 이 점 잊지 말자.

예를 들어, 비행기에 엄마가 어린 아기를 데리고 탔다고 가정해 보자. 일단 비행기라는 낯선 환경 속에 아기를 데리고 탄 엄마는 아무래도 편치 않을 것이다. 이럴 때 승무원의 역할이 상당히 중요하다.

"안녕하세요? 제가 여기 담당하는 승무원 OOO입니다. 제가 뭐 도와드릴 일이 없을까요? 언제든지 도움이 필요하시면 말씀해 주세요."

승무원의 이 같은 대사는 기본이다. 실질적인 일은 이제부터 시작이다. 비행기가 이륙할 때 아기가 울지 않고 잘 놀고 있는 모습을 확인했다 하더라도 이륙 후에 엄마에게로 다가가 확인하는 것이 좋다.

"아기가 이륙할 때 괜찮았나요? 가끔 이륙할 때 아가들이 무서워서 우는 경우가 종종 있거든요."

식사 중에 아기가 밥을 잘 먹는 것을 보았다 하더라도 마찬가지다.

"우리 아기 밥 잘 먹고 있나요? 맛있게 꼭꼭 씹어 먹어요."

아이도 인간이기에 복잡한 면이 없지 않지만 그래도 성인보다는 단순하고 기본적으로 밝은 존재다. 옆에서 추임새를 넣으면 실제로 더 잘 웃고 더 잘 먹는다. 이같이 신경을 쓰면 아이 엄마에게 점수를 따는 것은 기본이다. 아기가 잘 자고 있다고 해도 가끔씩 이불을 덮어주고 잘 자고 있는지 확인해야 한다. 만약 엄마가 깨어 있다면 작은 목소리로 아이와 엄마 모두 괜찮은지 꼭 묻는 것이 좋다.

또한 아프다고 약을 달라고 했던 승객이 있다면, 약을 준 후에도 반드시 확인해야 한다.

"아까 소화 안 되신다고 해서 약 드셨잖아요. 지금은 좀 어떠세요? 좀 나아지신 것 같으세요?"

혹은 기내가 춥다고 했던 승객이 있었어도 그에 대해서 묻고 괜찮은지 확인해야 한다. 그저 눈으로만 확인하고 그냥 돌아서서 혼자 '괜찮다'라고 생각을 하는 것은 아무런 의미가 없다. 이러한 추측은 절대 고객에게 도움이 되지 않는다.

당신이 진심으로 상대를 걱정하고 염려하고 있다면 꼭 표현하라. 당신이 얼마나 상대를 생각하고 있는지, 얼마나 관심을 가지고 신경 쓰고 있는지 알려라. 비록 당신이 아무것도 해주지 않는다 할지라도, 그것이 말뿐인 걱정과 염려일 뿐이라도 고객이 당신에게 느끼는 감정은 결코 나쁜 방향은 아닐 것이다.

사랑도 그렇지 않은가. 짝사랑은 나눔이 없는 일방소통의 감정이다. 그만큼 상대방의 호감을 얻기도 쉽지 않다. 언제까지 혼자 몰래 짝사랑만 할 것인가? 마음을 적극적으로 표현하고 알려라.

: '덕분에'를 입에 달고 살아라

　인간은 누구나 타인에게 인정받고 싶은 욕구를 가지고 있다. 어려서는 부모님께, 선생님께 인정받고 싶고, 성인이 된 이후에는 직장 상사나 사회에서 인정받고 싶어 한다. 이는 인간의 본성에 해당한다. 나도 어렸을 적부터 착한 일을 하고 나면 엄마한테 칭찬받고 싶어서 꼭 물어보고는 했다.
"엄마, 나 잘했어?"
그러면 엄마는 말하곤 했다.
"아이고, 우리 딸 참 잘했네. 엄마는 우리 딸 덕분에 살맛이 난다니깐."
　난 그 말이 그렇게 듣기 좋았다. 그때부터 내 존재의 이유가 엄마를 살맛나게 해주는 것이 되었을지도 모른다. 난 그 말을 또 듣기 위해 더 열심히 무언가를 했다.
　그런데 사회에 나오니 나에게 칭찬을 해주는 사람이 별로 없었다. 그렇다고 내가 할 일을 하고 나서 매번 엄마에게 묻듯이 물어볼 수도 없는 노릇이었다. 능히 칭찬을 받아 마땅한 일을 했어도 사람들은 칭찬에 인색했다.
　내가 직장에서 리더의 자리에 오르고 난 이후 제일 먼저 한 일이 칭찬이었다. 옷 입는 센스가 좋다는 칭찬, 오늘 바르고 온 화장품 색깔이 예쁘다는 칭찬, 일을 너무 잘한다는 칭찬, 말이나 행동에 센스가 넘친다는 칭찬 등 될수록 후배들에게 많은 칭찬을 하려고 노력했다. 그리고 칭찬을 하면서 느낀 것은 단적인 면에 대해 칭찬하는 것보다 그들의 존재를 인정해 주고 존중해 주는 칭찬이 더 효과적이라는 것이었다.

그 칭찬의 핵심은 '덕분에'에 있다.

"오늘 화장이 정말 예쁘네요."라고 하기보다는 "오늘 화장이 진짜 예쁘네요. 나도 OO씨 덕분에 오늘 좋은 거 배웠어요."라고 말하는 것이 더욱 효과적이다.

퇴근 시에는 "오늘 고생 많았어요. 조심히 들어가요."라고 하기보다는 "여러분 덕분에 오늘 일이 잘 마무리가 되었어요. 고생 많으셨습니다.", "난 여러분이 없으면 어떻게 비행할까 몰라요. 제가 잘 버티고 있는 건 다 여러분 덕분이에요. 늘 감사드려요."라고 말해보자.

같이 식사를 마치고 난 후에도 "잘 먹었습니다."라고 하기보다는 "여러분 덕분에 오늘 식사가 맛있었어요. 역시 무엇을 먹느냐보다 누구랑 먹느냐가 더 중요하다니까! 하하"가 더 좋다.

이렇게 대화 중간에 '덕분에'라는 말을 넣으면 상대방에 대한 칭찬, 상대방의 존재에 대한 인정, 나의 겸손도 돋보이게 하는 일석삼조의 효과를 얻을 수 있다.

: 심부름이 아닌 서비스를 하라

쓴소리를 듣는 건 누구에게도 기분 좋은 일이 아니다. 어렸을 때를 떠올려 보자. 부모님한테 혹은 선생님한테 혼이 나고 기분 좋았던 적이 있었는가? 사회생활에서도 마찬가지이다. 상사에게 꾸지람을 듣고 기분 좋을 사람이 누가 있겠는가.

직장 상사는 그렇다고 해도 생전 처음 보는 고객이 터무니없는 이유로 나한테 듣기 싫은 소리를 퍼부을 때면 정말 같이 멱살을 잡고 싶을 때가 한두 번이 아니다. 특히 서비스직에 종사하는 사람들은 누구나 한 번쯤 이런 충동을 느껴 보았을 것이다. 그러나 그런 충동이 일어날 때마다 실제로 고객과 실랑이를 할 수도 없는 일이다. 물론 그런 문제를 만들지 않는 것이 최선이긴 하지만 곤란한 일은 대부분 의지와는 상관없이 벌어진다.

최선을 다한 일인데 상사(고객)가 못마땅해 하는 것을 넘어서 핀잔을 늘어놓는다면 어찌할 바를 모르는 것이 보통의 사람이다. 이런 때에는 잠자코 있으면 안 된다. 그렇다고 화를 내라는 말은 아니다.

"그런 소중한 말씀을 해주셔서 감사드립니다. 이렇게 말씀해 주시니 제가 무엇을 잘못했는지 다시 한 번 깨닫게 되네요. 고객님께서(혹은 선배님께서) 지적해 주시지 않으셨다면 평생 모르고 지나칠 뻔했습니다. 정말 감사합니다. 제가 앞으로는 고객님(혹은 선배님)의 말씀을 잘 실천하여 더 좋은 서비스를 하도록 노력하겠습니다."

최악의 발언은 오히려 상대를 가르치려 하는 발언이다. 이는 절대로 해서는 안 된다. 설혹 마음속 깊이 화가 나 있더라도 그 자리에서는 그저 잘못을 인정하는 것이 좋다. 그리고 주의해서 일을 더 잘해보겠다고 다짐하면 된다. 그럴 수 있다면 상대는 수긍할 것이다. 이 방식은 자존심 상하는 행동이 아니냐고 물을 수도 있다. 하지만 그 자리에서 인정하고 다짐하는 순간 당신은 그 누구보다 빛나는 사람이 될 것이다.

난 늘 승무원 후배들에게 이렇게 말해 왔다.

"서비스인이 될 것인가, 아니면 단순한 심부름꾼이 될 것인가는 너희들 자신이 선택하는 것이다."

필리프 프티의 저서 《나는 구름 위를 걷는다 To reach the clouds》의 주인공 필립은 공중 곡예사가 직업이다. 그는 자신의 일에 대해 '곡예'가 아니라 '우아하게 공중을 걷는 일'이라고 강조한다. 곡예와 우아하게 공중을 걷는 것의 차이는 뭘까? 서비스와 심부름의 차이는 뭘까? 곡예와 우아하게 공중을 걷는 것도 한 치 차이이고, 서비스와 심부름도 결국은 한 치 차이이다. 그것은 업무에 대한 마음 자세에 달린 것이다. 그저 윗사람이나 고객이 시키는 것만 근근이 할 것이냐, 고객을 진심으로 생각하는 적극적인 마음자세로 다가갈 것이냐의 차이이다.

고객의 불만은 늘 잠재되어 있으며 언제 어떻게 나타날지 모르는 일이다. 서비스업 종사자는 그것을 항상 예상하고 준비해야 한다.

그럼에도 불구하고 그 일의 부당함에 대해 하소연하고자 하는 마음이 멈추지 않는다면 내가 누구인지, 무엇 때문에 이 자리에 있는 것인지 한 번만 더 곰곰이 생각해 보길 바란다. 내가 지금 이곳에 서비스인으로 있는 것인지, 심부름꾼으로 와 있는 것인지 스스로 답을 내어야 한다.

: 웃음은 전염성이 강하다

개그맨들의 결혼 소식이 들려올 때마다 깜짝깜짝 놀랄 때가 많다. 준수한 외모를 가졌든 아니면 못난 외모로 자학개그를 하는 사람이든 모두 하나같이 신부감은 미스코리아 뺨치는 미모를 가졌기 때문이다. 하긴, 내가 만약 눈부신 미녀라고 해도 유머감각이 빵점인 남자와 조금 못생겼더라도 유머감각이 넘치는 사람 중 고르라면 당연히 후자다. 아마 대부분의 여성도 필자와 마찬가지의 입장일 것이다.

여자들은 왜 유머러스한 남자를 좋아하는 걸까?

난 일주일간 쌓인 피로와 스트레스를 일요일 저녁에 하는 개그 프로그램을 보며 푼다. 그 시간에는 전화도 받지 않고 그 프로그램에 몰입한다. 힘들었던 일을 잊고 편안한 마음으로 휴식을 취할 수 있기 때문이다. 실제로 그들이 전해주는 웃음을 만끽하고 있으면 힐링이 된다.

자신에게 웃음을 주는 사람을 곁에 둔다는 것은 무엇과도 바꿀 수 없는 기쁨일 것이다. 아마 그런 점 때문에 개그맨들이 그토록 많은 여성들의 사랑을 가져가는 것이 아닐까?

사람이 소리를 내어 웃을 때는 입으로 외부의 시원한 공기가 유입되면서 뇌를 식히는 효과가 있다고 한다. 웃는 것이 건강에 좋다고 하는 말이 그냥 하는 소리가 아닌 것이다. 특히 언제나 온갖 걱정을 달고 살아 머리가 무거운 현대인에게 있어 웃음은 건강을 지켜주는 수호천사나 다름이 없다.

누구에게나 첫 만남은 어색하고 냉랭하기 마련이다. 이럴 때 유머러스한 말 한 마디가 구성원들의 긴장을 풀어주고 분위기를 한결 편안하게 만든다. 좋은 분위기는 유쾌한 대화를 이끌게 마련이고 자연히 그 만남의 효과와 소득이 따라올 것이다.

그러나 천부적으로 유머감각이 남다른 이가 아니라면 어색한 상황에서 우스갯소리를 하는 것이 쉽지 않다. 어떤 경우에는 괜히 잘못 말했다가 분위기가 더 어색해지고 차가워지기도 하며 결국 나쁜 인상만 남길 수도 있다. 유머를 할 때에 금기해야 할 사항들이 있는데 첫째, 때와 장소를 가려야 한다는 것이다. 둘째, 절대 성과 관련된 이야기를 하면 안 된다. 특히 여성이 함께한 자리라면 분명 역효과를 낳는다. 심한 경우 여성과 동석한 자리에서 괜한 야한 농담을 했다가 성희롱으로 고소를 당할 수도 있다. 마지막으로 다른 사람을 깎아내리는 유머는 하지 말아야 한다. 한때 개그 소재로도 상당히 많이 쓰였으나 점차 사라지고 있는 이유가 있다. 세상에는 어떤 상

"유익한 시간이었습니다."보다 듣고 싶은 말이
"정말 재미있는 시간이었습니다. 시간 가는 줄 몰랐어요."이다.
재능보다 노력이 중요하고, 노력보다 즐길 줄 아는 자세가 중요하듯이
같은 이야기도 재미있고 맛깔나게 하는 사람이 매력적이다.
그 사람과 함께하는 시간이 너무 흥미롭기 때문이다.
난 학생들에게 정말 재미있고 유쾌한 교수로 기억되고 싶다.

황에서도 유머를 유머로만 받아들이는 아량이 넓은 사람만 있는 것이 아니다. 깎아내리는 유머를 험담으로 받아들이는 순간, 그간 맺었던 유대가 한순간에 깨질 수 있다.

지인 중에 개인적으로 굉장히 존경하는 교수가 있다. 그분은 연배가 상당히 있는 편이지만 본인의 얼굴이 학생들에게 심각하게 보이는 것을 굉장히 꺼린다. 학생들과의 소통을 방해한다고 생각하기 때문인데 일면 타당한 생각임은 분명하다. 그런 생각은 한 해, 두 해 지날 때마다 더 깊어져 종국엔 유머를 연구하기 시작했다. 그분은 지금 이 시간에도 각종 매체를 뒤지고 있을 것이다. 찾는 것은 재미있는 유머다. 그는 그 유머를 메모지에 적어 틈만 나면 그것을 어떻게 맛깔나게 소화할 것인지 연구하고 연습한다. 그게 다가 아니다. 학생들에게 하기 전에 동료들이나 가족에게 한번 해보고 반응을 살피는 검토 과정도 있다. 반응이 좋으면 사용하고 반응이 좋지 않으면 과감히 버리고 다른 이야기를 찾는다.

유머를 알고 즐기는 사람은 어느 장소에서나 사람들의 호감을 이끌어 낸다. 나를 즐겁게 만들어 주는 이에게 매력을 느끼는 것은 당연한 현상이다. 그러니 유머를 아는 사람이 되는 것이 좋다. 그것은 노력으로 얻을 수 있는 능력이다. 자신이 좀 경직된 사람이라고 판단된다면 오늘 인터넷으로 유머 모음을 한번 찾아보면 어떨까. 그리고 자신을 웃게 하는 에피소드를 하나 골라 연습해 보자. 어디에서 웃음 포인트를 살리는 것이 효과적인지, 그 포인트를 극대화시키기 위해 목소리 톤과 표정은 어떻게 해야 할지 연구해 보자. 그리고 나도 웃고 나를 보는 그들도 웃겨보자.

擴散

제때, 응답하라

: 맞장구를 쳐라

맞장구는 대화의 핵심 기술이다. 맞장구는 우리나라 전통음악인 판소리에서도 그 모습을 찾아볼 수 있다. 판소리란 하나의 이야기를 광대 한 명이 고수의 장단에 맞추어 육성과 몸짓을 곁들여 창극조로 두서너 시간에 걸쳐 부르는 것을 말한다. 이때 고수는 북으로 장단을 맞추며 '얼쑤', '얼씨구', '좋지' 등의 추임새를 함으로써 광대의 흥을 북돋아 준다.

특히 광대가 장시간 소리를 하느라고 지쳐서 소리가 자꾸 가라앉을 때, 고수의 힘찬 추임새는 광대가 힘을 내는 데 결정적인 도움을 주기도 한다. 이는 우리나라 판소리의 특징이라 할 수 있다. 판소리에서 볼 수 있듯 우리나라 사람들은 전통적으로 호응해 주는 것을 좋아하고 또 그런 관계가 되어야만 호감이 지속되는 경향이 있다.

상대방이 이야기를 할 때 집중하고 있다는 것을 보여주는 것에는 여러 가지 방법이 있다. 소리로 추임새를 하는 것뿐 아니라 고개를 끄덕이며 동조함을 간곡히 표현할 수도 있다. 특히 고개 끄덕임의 속도가 중요한데, 천천히 고개를 끄덕이면 '너의 말을 내가 곰곰이 생각하며 듣고 있다.'라는 의미가 되며, 한쪽으로 고개를 살짝 기울여 끄덕이면 '음, 그럴 수도 있지.'의 의미를 전할 수 있다. 고개 끄덕임의 속도가 빠르면 빠를수록 상대방이 하는 이야기에 동조의 정도가 깊어짐을 뜻한다.

본인이 이야기를 하는데 상대방이 가만히 앉아있기만 한다면, '지금 내 말을 듣고 있기는 하는 거야? 나한테 집중하고 있는 거 맞아?' '넌 나한테 관심이 없구나?' 등과 같은 생각을 하게 된다. 즉, 대화에 있어서는 말을 하는 화자도 중요하지만, 이 화자가 얼마나 말을 잘할 수 있게 만드느냐는 청자의 맞장구에 달려 있다고 해도 과언이 아니다.

"아. 정말! 그랬구나!", "네가 힘들었겠구나!", "정말? 그래서 어떻게 됐어?" 등 상대방이 이야기를 할 때 매우 집중해서 얘기를 듣고 있음을 확인시켜 주자. 그리고 내가 상대방의 이야기에 동감하고 있다는 표현을 고개의 끄덕임과 함께 동조하는 말 한마디를 곁들인다면, 말하는 사람의 마음의 문은 쉽게 열릴 것이고 흥이 나서 이야기를 이어갈 것이다.

"당신은 내 말을 너무 잘 들어주고, 내 얘기에 공감을 너무 잘해줘서 좋아요. 고민이 생기면 당신이 제일 먼저 떠오릅니다.", "난 당신과 얘기를 하고 나면 불편했던 마음이 후련해져요."

상대에게 이런 말을 듣는 것은 이미 그에게 당신은 없어서는 안 될 존재가 되었다는 것이다. 누군가의 마음을 열고 싶은가? 그렇다면 상대방의 이야기에 진심으로 귀를 기울이고, 적시에 알맞은 몸짓과 말로 맞장구를 쳐주자.

내 말을 많이 하고 의견을 제시하는 것보다 잘 들어주고 맞장구를 잘 치는 사람이 상대방에게 매력적으로 보이는 법이다. 자신보다 상대방에게 집중할 줄 아는 모습을 갖춘 사람이라면 내가 필요할 때 도움을 받을 수 있는 사람으로 인식되고, 또한 내가 힘이 있을 때 도움을 주고 싶은 사람이 되기 때문이다. 이것이 맞장구의 힘이다.

: 자리에 걸맞은 책임을 져라

서비스업에 종사하는 사람이라면 내가 바로 회사의 대표라고 생각하자. 물론 직급에 따라 월급이 차이가 있지만 고객 앞에 있을 때만큼은 내가 이 회사를 대표하는 대표이사라는 마음가짐으로 어깨에 힘을 한번 줘 보자. 그렇게 하면 책임감도 더 생기고, 진취적인 사고와 좋은 아이디어도 샘솟는다. 고객을 위한 아이디어들은 결과적으로 회사에 이익이 되므로 회사 입장에서도 그 직원을 좋게 평가할 수밖에 없다. 바로 이런 것이 '윈윈win-win'이다.

각 회사에는 대표이사가 있다. 하지만 서비스를 받는 고객들은 그 회사의 대표가 누군지 거의 알지 못한다. 고객은 내게 서비스를 제공하고 있는 직원을 통해 회사를 판단하게 된다. 직원이 나에게 서비스를 잘하면 회사의 이미지가 좋아지고, 그렇지 못하면 회사의 이미지 또한 나빠지는 것이다

조직은 규모가 커질수록 다수의 중간관리자들을 필요로 한다. 여기에서 능력 있는 중간관리자로 평가 받는 사람은 자신의 성과에 집중하도록 팀원들을 독려하는 사람이 아니다. 팀 전체의 성과가 높아지도록 문제를 해결해 나가는 리더를 조직은 더 선호한다. 더 나아가서는 팀원의 실수까지 커버하면서 목표에 도달하는 리더는 조직 전체에 생기를 더한다. 회사에 수많은 중간관리자와 임원이 포진되어 있는 이유가 바로 이것이다. 조직이 문제 상황에 봉착했을 때 길을 잃지 않고, 정도를 걷도록 돕는 것이 중간관리자들의 역할이다. 문제가 발생했을 때 역할의 한계와 책임 여부를 따지는 사람은 더는 성장하기 어렵다.

물론 책임감을 갖는다는 건 쉽지만은 않다. 특히 리더로서 책임감을 가지고 일하기 위해서는 나의 잘잘못뿐 아니라 팀원들까지 책임져야 한다. 덕분에 칭찬을 듣기도 하고 간혹 억울한 생각이 들 때도 있다. 이 중 중요한 것은 욕을 잘 먹어야 한다는 것이다. 팀원이 실수

승객의 안전과 편안함을 책임지던 객실 사무장에서
학생들의 꿈과 희망을 육성하는 교수가 되었다.
책임과 역할이 바뀌었지만 변하지 않는 것이 하나 있다.
그것은 승무원 시절의 팀원들과 지금의 학생들을 똑같이
사랑하고 있고, 그들에게 도움이 되는 사람이 되고자
노력하는 내가 있다는 사실이다.
우리는 모두 꿈의 동반자이다.

를 했을 때 대신 책임질 수 있어야 팀장으로서 인정받을 수 있다. '장'이 팀원에 비해 월급을 많이 받는 이유가 바로 그 때문이다.

팀장이 팀원들에 비해 월급을 많이 받는 이유는 그만큼 욕도 더 많이 먹어야 하기 때문이라는 한 선배의 말을 나는 기억한다. 그 선배는 우스갯소리로 내게 한 얘기였지만, 나는 그 얘기가 참 가슴에 와 닿았다. 그래서 그날 이후부터는 승객으로부터 욕먹는 것이 하나도 억울하지 않았으며 오히려 이런 생각을 하게 되었다.

'그래, 내가 받는 월급에는 욕먹는 값도 포함되어 있는 거야!'

인천에서 일본으로 향하는 비행기였다. 늦은 저녁시간에 출발하는 비행기였고 유럽 등지에서 환승해서 탄 일본인 승객들이 대부분이었다.

앞서도 말했지만 단거리 비행은 비행시간이 짧지만 해야 하는 업무는 장거리 비행과 동일하므로 승무원의 업무 속도가 매우 빨라질 수밖에 없다. 그렇다고 대충한다는 말은 아니다. 특히 안전과 관련된 일은 언제나 철저하다.

그날도 목적지에 착륙하기 전 승객의 등받침과 식사 테이블을 원위치로 하고 승객들이 좌석벨트를 모두 매었는지 확인하는데, 한 승무원이 다급히 나를 찾았다.

"사무장님, 큰일 났어요. 어떤 일본인 승객이 막 화를 내시는데 왜 그런지는 잘 모르겠어요."

"응, 알았어요. 내가 가 볼게요."

화를 내는 사람은 40대 일본인 여자 승객이었는데, 옷에 커피가 엎질러져 있었고 승무원이 물수건을 막 가져다 주는 찰나였다. 그런데 그 승객은 승무원이 주는 물수건만 채갈 뿐 대신 닦아주려는 손길은 피했다. 나는 일단 그 승무원에게 자초지종을 물었다.

"어떻게 된 일이에요?"

"저도 잘 모르겠어요. 제가 이 승객 옆을 지나가는데 갑자기 저를 부르시더니 물수건을 가져다 달라고 해서 가져다 드린 게 다예요."

"응, 알았어요. 내가 처리할 테니 다른 일 하고 계세요."

난 그 승객에게 물었다.

"손님, 커피를 엎지르신 것 같은데 어디 데이거나 다치시진 않으셨습니까?"

대답이 없다. 내 일본어를 못 알아들은 건가 싶어 다시 물어 보았다.

"혹시 물수건이 더 필요하시면 제가 물수건을 더 가져다 드리겠습니다."

"됐어요. 저는 이 항공사에 정식으로 컴플레인 하겠어요!"

그녀는 나와는 눈도 마주치지 않고 손에 들고 있던 신문을 펼쳤다.

"저는 이 비행기 서비스를 책임지고 있는 사무장입니다. 혹시 저희 승무원의 잘못으로 커피가 엎질러진 거라면, 제가 대신하여 사과드립니다. 정말 죄송합니다. 옷 세탁을 하실 수 있도록 세탁비를 준비해 드리겠습니다."

그러자 그 승객은 여전히 날 쳐다보지도 않으며, 단호한 표정으로 말했다.

"됐어요. 당신과는 할 얘기가 없어요. 일본에 도착하자마자 난 정식으로 K항공을 상대로 컴플레인을 하겠어요."

어떤 일이 일어났었는지 자초지종은 얘기하지 않고 무조건 컴플레인만 주장하는 경우처럼 갑갑한 일은 없다. 사람 사이에서 대화를 완전히 차단당했을 때는 속수무책이다. 차라리 그 자리에서 화를 내며, 왜 본인이 화가 났는지 이야기를 해주었다면 대처하기가 훨씬 수월했을 것이다. 이야기를 나누다 보면 무엇 때문에 화가 난 것인지 그 원인을 찾아서 해결할 수가 있기 때문이다. 하지만 그 고객은 대화 자체를 거부하고 있어 난감한 상황이었다.

어느덧 비행기는 착륙을 위해 고도를 낮추어 갔고 난 할 수 없이 승무원 좌석으로 돌아와야 했다. 항공기가 공항터미널에 도착한 후 나는 일본공항 직원에게 그 승객 이야기를 전했고, 어떤 불편이 있었던 건지 자세히 좀 물어봐 달라고 했다.

결국 일본인 직원이 화난 승객을 응대하며 게이트 밖으로 사라졌다. 얼마 지나지 않아 그 지상직원이 들어왔다.

"도대체 무슨 일로 화가 나신 거래요?"

내가 일본인 지상직원에게 물었다.

"비행기가 착륙하기 전 승무원이 안전 점검하잖아요. 자기도 그건 다 안대요. 그런데 본인이 테이블을 펼치고 그 위에 커피 잔을 놓아

두었는데, 승무원이 와서 그 커피 잔이 있는 것을 보지도 않고 테이블을 접어 버렸나 봐요. 그런데 하필이면 그 테이블 밑에 유럽에서 새로 사온 명품 가방이 있었고 그 안에 명품 코트가 들어 있었는데 그게 다 젖었다고 하네요. 그래서 그 피해보상을 위해 회사에 컴플레인하겠다는 거지요. 세탁비 정도로는 안 될 것 같아요. 사무장님, 어쩌죠?"

그제야 상황이 파악이 됐다. 일반적으로 짐은 선반에 올려놓는데 그것마저도 아쉬울 정도로 그 명품 가방과 코트는 그녀가 몹시 귀하게 생각하는 물건이었을 것이다. 하지만 바로 그 지점에서 문제가 야기됐다. 우리 승무원은 승객의 다리 밑에 물건이 있을 거라고 생각하지 않았을 것이다. 더구나 그 승객은 테이블을 펼치고 커피를 마시며 신문을 보고 있었다. 승무원은 신문에 가려진 커피 잔을 미처 보지 못하고 테이블을 접은 것이다. 충분히 이해가 가는 상황이지만 부주의했던 것은 분명했다. 충분히 그 승객이 화를 낼만한 상황이었다.

당연히 책임자로서 사과를 해야 할 상황이었고, 그 커피를 엎지른 실수를 한 승무원과 같이 가서 그 승객에게 사과를 하는 것이 마땅하다고 판단되었다.

그러나 아무도 커피를 엎질렀다는 사람이 나오지 않았다.

"누구든 실수는 저지를 수 있어요. 책임을 묻지는 않겠어요. 그 승객에게 같이 가서 사과만 하고 오면 되는데, 정말 아무도 실수한 사람이 없는 겁니까?"

그 비행기에 탑승한 승무원 전원 모두 입을 다물었다. 결국 하는 수 없이 나는 그 승객이 짐을 찾아 나가기 전에 그 승객을 만나야 한다는 생각에 서둘러 일본인 지상직원과 함께 그녀를 찾아 나섰다. 매우 작은 공항이라 한눈에 승객의 동향을 다 파악할 수 있었는데, 짐 찾는 곳에서도 그 승객을 찾을 수가 없었다.

"벌써 짐 찾고 나가신 것 같은데요?"

일본인 지상직원이 승객 찾기를 포기한 듯 나에게 얘기했다.

"저 죄송하지만, 혹시 제가 출국장 밖으로 잠깐 나갔다와도 될까요? 밖에 나가면 혹시 만날 수도 있잖아요. 부탁드립니다."

다행히 공항 직원의 도움으로 출국장 밖까지 나가 보았는데, 정말 영화같이 그 승객이 저 앞에서 택시에 막 오르려 하고 있었다. 나는 신호등도 무시한 채 길을 건너 뛰어갔다. 그리고 그 택시 앞을 가로막았다.

택시기사가 멍하니 날 쳐다봤고 나는 그 여자 승객이 타고 있는 쪽으로 돌아가 창밖으로 연신 죄송하다고 머리를 숙였다. 그녀는 여전히 냉랭했다.

"됐어요!"

"아닙니다. 직원 교육을 잘못시킨 제 잘못입니다. 정말 죄송합니다. 제가 앞으로는 이런 일이 발생하지 않도록 철저히 교육시키겠습니다. 불편 드려 정말 죄송합니다."

나는 거의 이마가 발목에 닿을 때까지 고개를 숙였다. 그러자 그 승객은 날 뚫어져라 쳐다보더니 택시를 출발시켰다.

직원의 실수는 실수인 것이고, 어차피 벌어진 일을 어떻게 수습을 하느냐는 리더의 몫이다. 여러 가지 모양새로 볼 때 컴플레인이 있을 것은 분명해 보였다. 나는 담담하게 그 상황을 받아들이기로 했다. 그러나 몇 주가 지나고 몇 달이 지나도 회사에서는 아무런 연락이 오지 않았다. 대신 그날 같이 탑승했던 한 승무원에게 메일을 받게 되었다.

"사무장님, O월 O일 일본 비행을 같이 갔던 승무원 OOO입니다. 사실은 그 승객 테이블을 제가 접었습니다. 그때에는 그 승객이 너무 화를 내서 선뜻 나서기가 무서웠고, 혹시나 제가 징계를 당할 수도 있다는 생각에 조용히 있었습니다. 그런데 며칠 동안 생각해 보니, 괜히 저 땜에 사무장님이 피해를 보실 수도 있을 것 같아 용기를 내어 메일을 드립니다. 그날 사무장님께서 식사도 못하시고 비행기 밖으로 뛰어 나가시는 모습을 보며 큰 죄책감이 들었습니다. 사무장님, 죄송합니다. 앞으로는 사무장님께 도움이 되고 일 잘하는 승무원이 되도록 노력하겠습니다. 그리고 언젠가는 사무장님처럼 능력 있고 훌륭한 사무장이 되고 싶습니다."

이제야 양심고백을 하는 후배가 괘씸하기보다는 기특했다. 끝까지 모른 척 할 수도 있었을 텐데 용기 내어 메일을 주었다는 사실이 대견했다.

우리는 때때로 본인 앞에 놓인 책임의 무게를 회피하려고 할 때가 있다. 그러나 리더가 되고나면 내 잘못뿐 아니라 타인의 잘못도 다 책임져야 한다. 좋은 리더, 좋은 사람이 되기 위해서는 리더가 되기 이전부터 책임의 무게를 짊어지려는 노력이 필요하다. 실수는 누구나 한다. 중요한 것은 실수한 이후이다. 그것을 피하려고만 하지 말고, 억울하다 생각하지 말고, 조직원의 한 사람으로서 온 마음을 다해 책임질 각오를 해야 한다.

그런 마음을 당장 누가 알아주지 않아도 결국 언젠가는 존경을 얻을 수 있을 것이고 그 책임감은 매력적인 리더가 될 수 있는 자양분이 될 것이다.

: 주눅 들면 끝이다

언젠가 그릇 광고에서 이런 카피를 본 적이 있다.
'아무리 깨도 깨지지 않습니다.'
나는 이 문구를 처음 보고 '풋' 하고 웃었던 기억이 난다. 왜냐하면 문득 생각나는 후배가 있었기 때문이다.
그 후배는 참 일을 못했다. 참 지지리도 못했다. 그 후배와 같은 팀이 되고 첫 비행을 마친 후 눈앞이 캄캄했다. 기가 막혔다. 어디서부터 어떻게 가르쳐야 할지 난감하기만 했다.

나는 원래 업무에 있어서는 후배들에게 굉장히 엄하게 대하는 편이라 날 무서워하거나 어려워하는 후배들이 상당히 많다. 특히 나이 어린 후배들은 내가 업무적으로 꾸짖으면 그 이후 며칠은 나를 슬슬 피하곤 했다.

자타공인 엄한 선배인 나와 그 후배의 만남은 많은 파란을 불러올 거라 예상이 되었다. 부족하면 배워야 하고 익혀야 하며 남보다 부지런해야 한다. 그것 말고 뾰족한 방법이 없다. 첫 비행 후 나는 그 후배를 혹독히 다뤘다. 빈번한 실수, 빈번한 질책, 그것이 그 후배와 내 사이에 놓인 대화의 주제였다. 그런데 이 후배의 반응은 여느 후배와는 달랐다. 내가 꾸짖으면 꼭 다시 찾아와 말을 걸었다.

"사무장님, 제가 해 놓은 거 다시 봐주세요. 저 잘했죠?"

하루 종일 내 소매를 붙잡고 놓아주질 않았다. 지적을 받으면 바로바로 고쳐 놓고 확인을 받으려 했다. 참 기특했다. 물론 내가 원하는 정도로 일을 말끔하게 처리해 놓지는 못했다 하더라도 그 자세가 정말 예뻤다. 그리고 한 마디 덧붙인다.

"사무장님, 제가 다음에는 더 잘할 수 있을 것 같아요."

"그래, 잘했어. 다음번에 더 잘하는 모습 기대할게!"

"사무장님이 가르쳐 주신 대로 했더니 다른 선배들한테 칭찬받았어요."

참 예쁘다. 처음 봤을 때 막막하기만 했던 마음은 그렇게 조금씩 사라져 갔다. 그녀는 매력이 있었다. 어떤 상황에서도 주눅 들지 않고 항상 밝다는 엄청난 매력이 있었다. 이런 이들이 인복을 불러온다. 살갑게 반응하고 묻고 다시 고치는 노력을 하니 어떤 선배가 예뻐하지 않겠는가. 조금이라도 더 가르쳐 주고 싶고, 또 그런 노력이 헛되지 않다고 느껴지는 것이다.

물론 실력이 탁월한 사람은 그 자체로 매력이 있다. 그러나 그런 이들만 매력을 독점하고 있는 것은 아니다. 부족함을 메우려는 노력, 그 행위 자체가 매력적으로 보일 수 있다. 더구나 성장하고 있다면, 그 성장하는 모습이 눈에 보인다면 그 사람은 매력덩어리가 된다. 오죽하면 예술작품 중에서도 성장소설, 성장영화 등 '성장'이라는 단어 하나만으로 장르가 형성되었겠는가.

: 응수도 타이밍이다

2001년에 있었던 9·11테러로 전 세계 항공사는 보안에 비상이 걸렸었다. 기내에는 액체류 반입이 금지되었고 탑승 전, 탑승권 재확인이 이루어졌다. 탑승권을 게이트 앞에서 스캔한 후, 비행기 앞에서 또 한 번 승무원이 직접 탑승권의 날짜와 편명이 정확한지 확인하는 절차가 일반화된 것이다. 간혹 탑승권 확인을 게이트 앞에서 했다는 이유로 재확인을 하는 것을 귀찮게 생각하는 승객도 있기는 했지만, 협조하지 않을 경우 탑승이 거절될 수 있으므로 이 절차는 비교적 빨리 정착되었다.

하지만 새로운 절차가 생기면 아무래도 초반에는 사소한 문제가 일어나기 마련이다. 9·11테러 이전에는 탑승권 확인이 철저하지 않았던 것이 관례라 더욱 그랬다. 갑자기 생겨난 절차가 승객들 입장에서는 불편했고, 또한 승무원들도 업무가 하나 더 늘어난 것이어서 여간 번잡한 것이 아니었다.

"손님, 탑승권 확인이 필요합니다."

"내가 내 자리를 못 찾을까봐 그러시오. 걱정하지 말아요."

그런 식으로 말하는 승객은 대부분 말과 동시에 이미 몸이 객실 안에 들어온 경우가 많았다. 그러면 승무원이 일일이 자리까지 따라가서 끝까지 탑승권을 확인하고 돌아와야 했다.

LA에서 서울로 오는 비행기에서의 일이다. 그날 나는 일등석의 서비스 책임자로 탑승했었다. 승객 탑승을 기다리며 각종 서비스를 준비하고 있었는데, 한 승객이 얼굴이 굳어서 들어왔다. 내가 탑승 인사를 할 틈도 없이 남 승무원이 그 승객을 쫓아 들어왔다. 뭔가 심상치 않은 분위기였다.

"손님, 탑승권을 보여 주십시오!"

아마도 그 승객이 비행기 탑승하면서 탑승권 제시를 하지 않아 남 승무원이 자리까지 쫓아온 모양이었다. 상황 파악을 위해 그저 지켜보고 있었는데, 순간 그 승객의 얼굴이 붉으락푸르락했다. 그러더니 그 승객은 가방 안에서 탑승권을 꺼내더니 그 남 승무원 코앞으로

들이밀었다.

"됐소?"

남 승무원은 찬찬히 탑승권을 훑어보더니, 그 승객에게 인사를 하고 조용히 뒤돌아 갔다. 분위기가 워낙 좋지 않았던 터라 내가 바로 인사를 하는 것이 별로 좋을 것 같지 않았다. 잠시 기다렸다가 승객이 짐 정리를 다 끝내고 자리에 앉은 후에야 그 승객에게 다가가 인사를 했다.

"안녕하십니까? 회장님(그 승객은 국내 굴지의 화장품 제조회사의 회장이었다). 저는 오늘 일등석 서비스를 맡은 승무원 김모란입니다. 오늘 비행도 편안하게 모시겠습니다. 음료수 한잔 하시겠습니까?"

내 말이 떨어지기가 무섭게 그는 읽고 있던 신문을 갑자기 바닥에 확 집어던졌다.

"음료수나 주고 밥이나 주는 게 서비스인 줄 알아? 필요 없어! 그리고 내가 이 어이없는 사태에 대해 당신네 회사 회장에게 분명히 말하겠어. 서비스가 아주 최악이라고!"

난 집어던진 신문만 가지런히 모으고 아무 말도 하지 않았다. 말을 더 건넸다가는 더 화만 돋울 것 같았다. 난 조용히 돌아 나와 그 승객을 최초로 응대했던 남 승무원에게 갔다.

"아니, 도대체 무슨 일이 있었던 거죠?"

그 남 승무원은 입사한 지 불과 서너 달밖에 되지 않았던 신입이었다.

"그 승객이 비행기에 들어오면서 탑승권을 보여주지 않으시더라고요. 그래서 보여 달라고 했더니, 자기는 일등석 승객이고 본인이 자기 자리를 다 알고 있으니 알아서 찾아가겠다고 신경 쓰지 말라고 하더라고요. 그런데 그분 행색이 전혀 일등석 승객 같지가 않았어요. 선배님, 보통 일등석 손님은 비싼 정장차림으로 들어오지 않나요? 그런데 그 승객은 청바지에 티셔츠 차림으로 배낭을 메고 들어오셔서…… 좀 이상하다는 생각이 들었어요. 그래서…….'

말을 하다가 뭔가 본인이 실수한 것을 깨달았는지 말을 잇지 못했다.

"그래서 뭐요? 뭐라고 했는데요?"

"신분 확인을 해야 하니, 탑승권을 보여 달라고……."

"네? 신분 확인이요? 아니, 거기서 신분 확인이 왜 나와요!"

"죄송합니다."

탑승권 확인은 편명과 날짜를 확인하는 것이지, 신분 확인을 위한 것은 아니고 절대 하지 말아야 할 것이었다. 승무원은 승무원일 뿐 경찰이 아니다. 더구나 고객의 신분 확인을 하겠다는 것은 어불성설이었다. 물론 당시 시대 상황이 상당히 격앙되어 있었던 것은 사실이었고 신입은 더욱 긴장을 하고 있었을 것이다. 하지만 하지 말아야 할 실수를 한 것은 분명했다.

일등석으로 돌아가는 발길이 무거웠다. 그렇다고 가만히 있을 수는 없는 노릇이었다. 나는 기회만을 보았다. 상당한 시간이 흐른 뒤 식사 서비스 시간이 왔다. 난 조용히 그 승객에게 다가갔다.

"회장님, 탑승하시면서 많이 언짢으신 일이 있으셨다고 전해 들었습니다. 저희 승무원이 아마도 말실수를 했던 모양인데, 입사한 지 얼마 되지 않아 저희의 교육이 다소 미흡했던 것 같습니다. 죄송합니다. 앞으로는 그런 일이 없도록 하겠습니다. 제가 대신 사과드립니다. …… 회장님도 아시겠지만 9·11사태 이후 탑승권 확인 절차가 많이 까다로워졌습니다. 철저하게 확인하려는 마음이 앞서 실수를 했던 것 같습니다. 제가 단단히 교육시켜 앞으로는 그런 일이 발생하지 않도록 하겠습니다."

그 승객은 날 쳐다보지도 않았다. 난 어쩔 수 없이 다시 물러섰다. 식사 서비스가 진행됐을 때도 꼭 필요한 말 이외에는 하지 않았다. 퍼스트 클래스는 가짓수가 많은 코스 요리로 식사 서비스가 진행되는데, 서비스를 진행하는 내내 단 한 번도 나를 쳐다보지 않았다. 냉랭한 공기만이 가득할 뿐이었다.

식사 서비스가 끝난 후 휴식을 취하는 시간에도 난 마음 편히 쉴 수가 없었다. 그저 뒤에서 그 승객이 필요한 것은 없는지 계속 확인을 하고, 뭔가가 필요한 것 같으면 바로 다가갔다.

"회장님, 뭐 필요하세요?"

"회장님, 뭘 도와드릴까요?"

그에게서 한시도 눈을 떼지 않았다. 혹여 기분 상하는 일이 또 다시 발생하지 않을까 염려되었기 때문이다. 결국 나는 식사도 하지 못했고 화장실에 갈 때도 그 자리에 다른 승무원을 배치시켜 놓고 나서야 움직였다. 혹여 내내 쳐다보는 것이 부담스러울까봐 그가 알아차릴 수 없는 곳에서 그렇게 계속 일거수일투족을 살폈다. 그렇게 비행이 끝날 무렵, 그 승객이 나를 불렀다.

"네, 회장님, 부르셨습니까?"

"오늘 나 때문에 많이 힘들었죠?"

"아닙니다, 회장님. 장거리 비행을 시작하시는데, 저희의 실수로 회장님 심기를 불편하게 해드려 오히려 저희가 너무 죄송했습니다. 혹 다른 실수가 발생되지 않을까 제가 신경을 좀 쓰긴 했는데, 오시는 내내 편안히 오셨는지 모르겠네요."

그는 그제야 나의 얼굴을 쳐다보며 말했다.

"네, 덕분에 잘 왔소."

나도 모르게 안도의 한숨이 터져 나왔다. 그분의 표정도 한결 부드러워졌다.

"내가 비행기를 탈 만큼 탄 사람이니 탑승권 검사하는 거 가지고 뭐라고 하는 게 아니라고. 9·11 때문에 검색이 강화된 것 모르는 사람이 있나? 그것 때문에 내가 화난 게 아니라는 거 말하려고 불렀네!"

"네, 회장님 잘 알고 있습니다. 저희 승무원이 말실수한 부분은 제가 따끔하게 주의를 주었고 다시는 그런 일이 발생하지 않을 겁니다. 다시 한 번 제 후배를 대신해 사과드립니다."

"내가 마음 같아서는 말이지, 이 회사 회장에게 당장 전화해서 이 일을 얘기하고 그 승무원 징계 받게 할 수도 있다고! 아깐 정말 그렇게 하고 싶은 심정이었네."

"회장님, 회장님께서 그렇게 말씀하시는 게 당연합니다. 기분 많이 상하셨을 거란 거 잘 알고 있습니다. 그런데 회장님. 그 친구는 이제 막 입사한 신입 직원입니다. 아마 그 직원은 오늘 비행 내내 12시간 동안 안절부절 못하고 있었을 겁니다. 본인이 잘못한 것 잘 알고 있고, 또 제가 그 일로 이미 눈물 쏙 빠지도록 꾸짖었습니다. 아무쪼록 저희를 헤아려 주셨으면 감사하겠습니다. 앞으로도 제가 책임지고 그 친구가 좋은 직원이 될 수 있도록 지도하겠습니다. 만약 다음에 또 같은 일이 일어나면, 그때도 호되게 꾸짖어 주십시오. 그리고 우리 승무원들의 서비스가 나아지면 그때는 칭찬해 주십시오. 회장님을 포함한 모든 승객들께 칭찬받을 수 있도록 저희 회사 승무원 모두 열심히 일하겠습니다."

나는 고개를 숙이고 또 숙였다.

"자네 이름이 뭔가?"

"김모란이라고 합니다."

"내가 자네를 믿어도 되겠는가?"

"네, 제 이름은 이 항공사에 단 하나밖에 없습니다. 제 이름을 걸고 맹세하겠습니다. 제가 저희 회사 모든 승무원을 다 교육시킬 수는 없어도, 저희 팀원만큼은 책임지고 교육시키겠습니다. 혹시 기회가 된다면, 저희 팀이 서비스하는 비행기에 다시 한 번 꼭 타 주십시오."

"껄껄껄……."

내 말의 어떤 부분이 웃음을 자아냈는지는 모르겠으나, 그 회장님은 기분 좋게 웃었다.

"자네, 참 재미있는 사람이군. 자네 같은 직원을 둔 상사는 참 운이 좋은 사람일세."

그러고는 일반석에 앉아 있는 비서를 불러달라고 했다. 잠시 후 비서가 다녀간 후 회장님은 나를 다시 부르더니 봉투를 내밀었다.

"이거 오늘 내가 일등석 근무하는 직원들에게 주는 선물일세. 처음에 비행기 탔을 때에는 내가 꽤 기분이 상했지만, 비행 내내 일등석에서 근무하는 승무원들이 나 때문에 신경 많이 썼다는 거 알고 있었네. 덕분에 잘 왔네. 이거 우리 회사 화장품 상품권인데 자네들끼리 나누어 가지시게."

나는 애써 거절했지만, 회장님은 어른이 주는 것은 받아야 된다며 끝내 돌려받지 않았다. 감사할 따름이었다. 그런데 그 일이 있은 지 3일 후 회사에 출근을 했는데, 당시 팀장이 날 불렀다. 그때 그 회장님께서 우리 회사로 직접 전화를 걸어 내 이름을 대며 꼭 칭찬해 주라고 했다는 것이 요지였다.

"비행기를 탈 때 한 승무원의 실수로 매우 불쾌해 있었는데, 김모란 승무원의 말 한마디로 나빴던 기분이 확 풀렸소. 아주 유쾌한 직원이더군. 아무리 기분 나쁜 일을 겪은 사람이라도 그 사람과 만나면 다 풀리겠던 걸. 그런 직원을 둔 귀사가 부럽군요!"

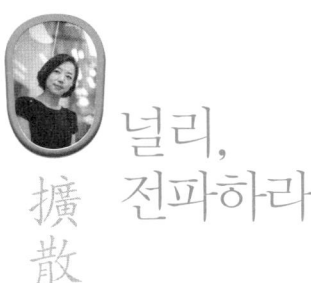

擴散
널리, 전파하라

: 좋은 이야기는 소문내라

남을 칭찬하는 것이 얼마나 좋은 일인지, 수많은 책을 통해 이미 알고 있을 것이다. 칭찬은 인간관계에 있어 소금과도 같은 존재다. 하지만 이 소금을 다양하게 사용하는 것이 좋다. 특히 내 경험상으로는 단순히 당사자에게 바로 이야기를 해주는 것보다는 제3자가 그를 칭찬하게 하는 것이 효과를 배가시키며, 칭찬받은 이는 나를 인간미 넘치는 사람으로 보는 경우가 많다.

누누이 강조해 왔지만 나는 평범한 사람이다. 이는 의도해서 터득한 것이 아니라 우연히 알게 되었다.

객실승무원 조직은 대부분 여자로 구성되어 있다. 여자들의 구성비가 높은 만큼 시기나 질투도 많고, 남의 뒷담화도 쉽게 잘 퍼지는 습성이 있다. 이는 절대 여자들의 조직을 비하하는 것은 아니다. 나도 이들 중의 일원이었으며 여성으로 구성되어 있기에 장점이 훨씬 많은 조직이라는 것을 밝혀 둔다. 하지만 아무래도 말이 많이 오가는 것은 사실이다.

승무원들끼리 흔히 이런 말을 한다.

'아침에 서울에서 발생한 일을 점심때가 되면 뉴욕에 있는 승무원도 알고 있다.'

요즘은 스마트폰 덕분에 실시간으로 전 세계에 정보가 전달된다. 따라서 회사 내에서 무슨 사건이 일어나면, 순식간에 전 세계에 있는 승무원들에게 모두 전달되는 것이다. 이것이 꼭 나쁜 것만은 아니다. 회사에서 벌어진 사건이라는 것이 대부분 업무와 관계된 만큼, 일의 방향과 숙련도에도 큰 영향을 미친다. 때문에 승무원 세계의 소문 확산력은 그 어떤 조직보다도 강하다고 할 수 있다.

입사를 한 지 얼마 지나지 않아, 내 동기 중 한 명과 우연히 락커룸에서 마주쳤다. 특별한 친분 없이 서로 가벼운 인사 정도만 나누는 사이였는데, 그날은 엘리베이터도 같이 타고 공항 밖으로 나오는 버스도 동승하게 되었다. 그 친구에 대해 아는 바가 별로 없던 나는 사전에 다른 동기한테 들었던 그 친구 이야기가 생각나 말했다.

"지은이가 그러는데, 네가 지난번에 지은이 아팠을 때 같이 병원도 같이 가주고 집에 죽도 사다 줬다며? 지은이가 혼자 살아서 그랬는지 네 도움이 무척 고마웠다고 그러더라. 쉽지 않은 일인데, 너 참

매력은 '복리'다.
오랜 시간 쌓여서 전해질수록 그 의미가 깊고 진해진다.
마치 복리 이자와 같이 해를 거듭할수록 불어난다.
다른 사람의 좋은 점을 찾아서 주위 사람들에게 칭찬하다 보면,
그 칭찬이 몇 곱절로 커져서 나에게 돌아오는 것을 느끼게 될 것이다.

대단하다."

난 별 뜻 없이, 그냥 서먹한 분위기가 싫어 다른 친구에게 들은 이야기를 전했을 뿐이었다. 그러나 그 친구의 반응은 내가 생각했던 것과는 많이 달랐다.

"모란아, 보통 다른 애들은 남의 험담을 많이 하잖아. 근데 넌 아니네?"

아니, 그렇지 않다. 나도 그저 그런 사람이다. 남을 험담하지 않는 사람이 어디 있겠는가. 특히 회사 상사의 뒷담화는 내 주종목이기도 했다. 하지만 그날은 험담의 소재가 떨어져 있었을 뿐이다. 더구나 그 친구와 공유할 만한 상사가 없었기에 하지 않았을 뿐이었다. 부끄러웠다. 그 동기는 나의 이런 마음도 모른 채 계속 내 칭찬을 했다.

"너한테 그런 얘기 들으니깐, 나 정말 기분 좋다. 사실 지은이가 그렇게 생각하고 있는지 몰랐거든. 오늘 비행에서 선배한테 혼나서 사실 기분 되게 안 좋았었는데, 너한테 그런 얘기 전해 들으니깐, 나 엄청 기분 좋아졌어!"

"아니야, 네가 착한 일을 한 건데 내가 뭘……."

그 일이 있은 후부터 그 동기는 나만 보면 반갑게 인사해 주었고 그 일을 계기로 좀 더 친해졌다. 그런데 사건은 그 이후에 또 이어졌다. 며칠 후 또 다른 동기를 우연히 회사에서 마주쳤는데, 그 동기가 나한테 이렇게 말했다.

"야, 너 되게 인간적이고 착하다며? 동기들 사이에서 소문났어."

'아이고, 이건 또 뭔 소리야?'

알고 보니, 지난번 그 동기가 자기가 느꼈던 나를 친구들에게 전하고 또 전한 것이었다. 나는 졸지에 다른 사람의 험담을 하지 않고 사람의 좋은 면만 보며 칭찬을 전해주는 착한 사람으로 평가되고 있었다. 부끄러웠지만, 기분은 좋았다. 하지만 제약도 따랐다. 실수로라도 남을 험담할 수 없고 착하고 올바른 사람이 되어야 했다. 지금 생각해 보면 세상에서 가장 긍정적인 제약이 아닐 수 없다.

칭찬은 직접 듣는 것도 기분 좋은 일이지만, 제3자에게 전해들을 때 그 평가가 객관적인 것 같아 더욱 기쁘다.

그 일이 있은 후로 나는 누군가를 칭찬할 때 그 친구한테 직접 말하기보다는 다른 사람에게 돌려서 이야기한다. 그 이야기가 돌고 돌아 그 사람 귀에 들어갔을 땐 이미 수많은 사람이 그 사람의 선행을 전해 듣게 되고 또한 칭찬을 받는 당사자는 더 기분이 좋아질 테니 일석이조라 할 수 있다.

나는 이런 좋은 소문을 시작하는 이가 영향력 있는 이가 될 수 있다고 생각한다. 험담을 하고 싶은 욕구를 줄이자. 그리고 상대의 장점을 찾아 적극적으로 소문을 내자. 조직 자체가 건강해질 것이다.

: 의연함은 칭찬을 불러온다

나의 고향은 인천이다. 그리고 태어나서부터 지금까지 한 번도 인천을 떠나 살아본 적이 없다. 그래서 그런지 나는 사투리를 쓰는 사람들을 보면 재밌기도 하고 신기하기도 하고 때로는 무섭기도 하다. 지방색에 따라 다르겠지만 사투리를 쓰는 젊은 여자들을 보면 정말 귀엽고 애교스럽기도 한데, 사투리를 걸쭉하게 쓰는 어르신들을 보면 어째 싸우는 것 같기도 해서 좀 무섭기도 하다.

지방의 한 도시에서 서울로 올라오는 비행기에서의 일이다. 그날은 주말이어서 완전히 만석이었고 특히 가족동반 승객들이 많았다. 그런 비행은 어수선하다. 본인의 자리를 찾는 사람, 가족 자리를 챙겨주느라 여기저기서 소리치고, 어린아이들은 앞만 보고 뛰어 들어가니 그 아이를 찾는 소리가 또 뒤섞인다. 주말 가족동반 승객이 많은 비행기의 모습은 대체적으로 이렇다.

그날도 여전히 그런 모습이었는데, 70세는 훌쩍 넘어 보이시는 할머니 한 분이 약주를 걸쭉하게 마신 듯 얼굴이 붉게 물든 채로 혼자 들어왔다.

"어르신, 탑승권을 좀 보여주세요."

그때는 9·11 이전이었으나 연로하신 분들에게는 자리를 찾아주는 것이 관례였다. 그러나 그 할머니는 들은 척도 하지 않고 객실로 들어갔다. 나는 하는 수 없이 할머니 뒤를 쫓아갔다. 할머니는 좌석

확인도 안 하고 가장 먼저 눈에 띠는 자리에 털썩 앉았다.

"어르신, 이 자리가 어르신 자리 맞는지 제가 확인해 드릴게요. 탑승권 가지고 계신 거 있으시죠?"

최대한 부드럽고 공손하게 여쭤봤다. 그랬더니 갑자기 속사포처럼 나에게 소리치며 욕을 쏟아부었다.

"야! 이 XX년아, 네까짓 게 뭔데 나한테 이래라 저래라야? XXX년아, 난 내가 앉고 싶은 데 앉을 거다. 이 XXX 같은 년!"

순간 마치 시장통 같던 비행기 안은 시간이 멈춘 듯 고요해졌다. 순식간에 모든 시선이 나에게로 집중되었다. 당황스러웠다. 눈앞이 노래졌다. 귀는 먹먹했고 눈물이 핑 돌았다. 그 당시 나는 입사 1~2년차의 햇병아리였다. 그 나이가 되도록 나는 그런 험한 욕은 처음 들어봤다. 아니, 실제로 그런 욕이 존재했는지도 그날 처음 알았다.

보통 때 같았으면 그렇게 탑승권도 제시하지 않은 채 이유 없이 승무원에게 막무가내로 욕을 한다면, 항공법에 의해 처벌도 가능한 일이긴 했다. 그러나 상대는 나이 지긋한 노인이었고 보는 눈이 많은 주말이었다.

정신을 가다듬고 얼굴에 억지로 미소를 담았다. 그리고 말했다.

"우리 할머님이 왜 이렇게 화가 나셨을까? 제가 우리 어르신 자리가 정확히 어딘지 알아야 음료수도 가져다 드리고 편하게 모시지요. 이 자리 주인이 오면 또 자리 옮기셔야 되잖아요. 그러니깐 저한테 자리표를 보여주세요. 제가 짐도 다 들어드리고 자리까지 안내해 드릴게요."

그러자 그 할머니가 날 쏘아보았다.

"어휴, 이 미친년! 되게 귀찮게 하네!"

말은 그렇게 했지만 결국 탑승권을 보여주었다. 할머니를 제자리로 안내해 드리고 아무 일 없었다는 듯 다른 일도 마무리한 후 갤리로 들어갔다. 내 모습을 처음부터 끝까지 지켜본 사무장이 내 어깨를 토닥이며 말했다.

"참 잘했다. 대견하다."

그제야 눈물이 왈칵 쏟아졌다.

비행기 출발을 위해 이내 눈물을 닦고 비행기 이륙 전 승객들 좌석벨트 착용 확인을 위해 승객좌석 복도를 지나자, 한 중년 남자승객이 내 손목을 잡았다.

"아가씨, 아까 많이 놀랐지요? 나이도 어린 아가씨 같은데 아주 의연하게 잘 대처하더구만. 아가씨 분명히 K항공에서 크게 될 사람이야! 안 그래요, 여러분?"

그는 주위 사람들에게 동조를 구했다. 주위에 계시던 다른 승객들도 저마다 한마디씩 거들었다.

햇병아리였던 그 시절, 그 사건으로 인해 난 한 가지 깨달음을 얻었다. 사람들은 타인이 정상적인 상황보다는 비정상적인 상황에 닥쳤을 때 어떻게 처리하느냐에 따라 그 사람의 인물됨을 판단하길 좋아한다는 것이었다. 특히 우리나라 사람들이 그렇다. 아무래도 남북이 갈라져 있어 늘 위기 상황과 맞닥뜨려 살다보니 위기에 강한 사람에게서 리더십을 더 느끼는 듯하다.

결론적으로 난 욕쟁이 할머니 덕분에 '크게 될 인물'이라는 칭찬을 들었고, 그 말은 내게 큰 위로와 힘이 되어 주었다. 그 일이 있은 후로도 난 가끔 위급 상황에 닥쳤을 때, 그때를 떠올리고는 했다.

"난 굉장히 의연한 사람이야. 그게 내 매력이라고 했어. 그러니깐 침착하자. 그리고 냉정하게 판단하자."

그 일이 있은 지 10여 년이 흘러 팀장의 자리까지 오른 후에도 난 더 의연하고 침착하기 위해 노력했다. 평소에는 급한 성격으로 인해 어떤 일이든 강하게 밀어붙이는 편이지만, 오히려 긴급한 상황이 발생하면 심호흡을 하고 그 상황을 제3자의 시선에서 이성적으로 판단하려고 노력한다.

내가 햇병아리 시절 그 욕쟁이 할머니를 만나지 못하고 또한 '의연하다'라는 칭찬을 듣지 못했다면 난 아마 내가 간직하고 있는 대범함이란 보물을 찾지 못했을 수도 있다. 우리나라 속담에 '급할수록 돌아가라.'는 말이 있다. 그 할머니에게 정색을 하며 대들었다면 오늘의 나는 있을 수 없을 것이다. 물론 경우에 따라서는 급할 때 뛰어야 할 상황도 분명히 있다. 그러나 응급 상황이 아니라면, 심호흡을 한번 크게 하고 얼굴 표정을 다시 재정비하여 웃는 모습으로 차분히 말하자. 주위 사람들이 당신의 의연함에 반할 것이다.

: 진정한 위로는 전이된다

예나 지금이나 나는 참 덜렁거리는 성격이다. 잘 넘어져서 무릎이 성할 날이 없기도 했지만 집안에서도 설거지를 도와준답시고 팔을 걷어붙였다가 그릇도 많이 깼다. 그럴 때마다 엄마는 핀잔을 주었다.

"어휴, 내가 못 살아. 넌 그냥 저기 소파에 가서 앉아있어. 어떻게 움직이기만 하면 사고가 나니?"

어렸을 적 기억을 더듬어 보면, 그런 상황에서 엄마에게 혼나고 있을 때 아빠는 풀이 죽어 울고 있는 내게로 와서 위로해 주었다.

"괜찮아, 괜찮아."

아빠는 그렇게 날 껴안아 주었다.

나이를 훌쩍 먹고 연륜이 쌓이다보니, 이젠 실수를 해서는 안 되는 자리에 와 있게 되었다. 하지만 실수하지 않기란 정말 어려운 일이다. 남 몰래 내 자신의 실수를 발견하는 경우도 많다. 그러면 주눅이 들기도 하고 자아비판을 하기도 한다.

'나는 왜 이렇게 바보 같을까?'라고 묻지만 답이 없는 질문이다. 그러다보면 패배자가 된 것 같은 기분에 휩싸여 더 깊은 나락으로 떨어진다. 그러나 언제까지나 스스로를 비난할 수는 없는 일이다. 그래서 생각해 낸 방법은 바로 이것이다. 내가 실수를 했을 때 무조건 '괜찮다'고 말해줄 수 있는 사람을 떠올리는 것이다. 그리고 그 사람이 내게 위로를 해주는 것이라고 상상해 보는 것이다(그런 사람이 없다면, 본인 스스로가 그 역할을 해도 무방하다.).

팔짱을 끼듯 두 팔을 어긋나게 잡고(오른손은 왼쪽 팔꿈치를 잡고, 왼손으로는 오른쪽 팔꿈치를 잡는다.) 오른손으로 왼쪽 어깨 위에서 왼쪽 팔꿈치까지 쓸어내리며 이렇게 말하는 것이다.

"괜찮아, 괜찮아. 다음에 잘하면 돼. 풀죽어 있지 마. 실수는 누구나 할 수 있어. 다시 힘을 내 보자."

위로의 말을 바로 들을 수 없는 상황에서 이 방법은 무척 효과적이다. 거짓말 같겠지만, 난 이 효과를 많이 보았다.

웃을 때나 행복을 느낄 때 생성되는 호르몬인 엔도르핀Endorphine은 암을 치료하고 통증을 해소하는 기능이 있다고 알려져 있다. 그런데 이 엔도르핀보다 4,000배의 효과를 지닌 것이 바로 다이돌핀Didorphin이라고 하는데, 이는 감동을 받을 때 생성되는 호르몬으로 잘 알려져 있다. 나 홀로 힘들 때 누군가의 도움을 받아 가슴을 울리는 감동을 받는 순간 다이돌핀이 생성된다고 한다.

그러나 이런 경험은 살면서 그리 많지 않다. 그렇다고 패배의 감정을 오래 담아둘 수는 없는 노릇이다. 결국 나를 위로해 줄 가장 가까운 사람은 바로 나다. 누군가에게 위로를 받고 싶을 때, 자신이 스스로를 위로해 보자. 가끔은 눈물이 울컥 나올 때도 있다. 눈물이 난다면 그냥 울어라. 소리 내어 그냥 울어라. 그러고 나면 한결 개운해질 것이다. 그 단계를 거쳐야 새로운 각오가 다져지는 것이다. 위로를 통해 지난 기억을 툴툴 털고, 똑같은 실수를 반복하지 않도록 정신 바짝 차리면 되는 것이다.

그리고 스스로 다이돌핀이 되는 연습이 되었다면 타인이 내게 위로를 받고자 했을 때 최선을 다해 그 상처받은 마음을 다독여 주자. 마치 자신을 어루만지듯이 타인에게 그럴 수 있다면 당신은 그 어떤 치유사보다 매력적인 친구가 될 수 있다.

: 가장 따뜻한 온도는 36.5℃

이 세상에서 가장 하기 쉬운 것은 '충고'라고 한다. 그만큼 말로 뱉는 것은 쉽다는 것이며, 누구나 흔하게 하고 있는 말이기도 하다. 그러나 사실 진정한 충고는 쉽지 않다. 아니, 오히려 가볍게 충고를 했다가는 상대의 마음에 상처를 주기 십상이다.

내게는 석사학위를 끝내고 박사 과정을 시도하는 데까지 무려 4년이라는 시간의 공백이 있었다. 그동안 나는 박사 과정을 밟아야 하는 건지 말아야 하는 건지 판단을 내리지 못하고 있었다. 나중에 박사 공부를 하는 내내 후회를 했다. 왜 석사 과정을 마치고 바로 박사에 도전하지 않았던가.

석사 과정을 마치고 난 내 지인(유학파 출신으로 학벌이 꽤 좋은)에게 박사 과정에 대해 상담을 한 적이 있었다. 아니, 그건 상담이 아니라 내 생각에 동의를 얻고자 했던 만남이었다.

"나는 서비스 마케팅 관련하여 박사학위에 도전해 볼까 고민 중에 있어요."

"박사학위? 그거 해서 뭐에 쓰려고?"

그의 반응에 다소 당황했지만 나는 말을 맺고 싶었다.

"교수가 되고 싶어요. 이론과 실전 경험을 겸비한 서비스 마케팅 분야의 전문 교수."

"넌 교수가 그렇게 쉽게 되는 줄 아니? 미국에서 박사학위를 따 와도 교수되기 힘들어, 실제로 내 주위에 그런 사람 많다. 돈 들이고 힘들게 박사학위 따도 교수되는 건 하늘에 별 따기야! 너 지금 회사에서 잘나가잖아. 그냥 회사나 쭉 다녀. 교수는 무슨 교수야. 한국에서 박사학위 받아서 교수되는 건 이젠 불가능해!"

당시 내 주위에 박사학위를 받은 사람이 없었고, 교수라는 직업을 가진 사람도 은사님을 제외하고는 아무도 없었다. 그런 상황에서 외국 명문대학 유학파인 그 지인의 말이 절대 진리처럼 느껴졌다.

"모란아, 네가 아직 세상을 잘 몰라서 하는 얘기야. 너야 만날 비행기만 타고 왔다 갔다 했지 세상 돌아가는 거 잘 모르잖아. 요즘 세상이 그래. 박사학위 받는다고 교수가 될 수 있는 건 아니야. 요즘 미국 박사가 남아돈다, 돌아!"

그 얘기를 듣고 나니 맥이 빠졌다. 석사 과정을 밟을 때부터 소중하게 키워왔던 꿈이 사라지는 순간이었다.

'난 그럼 교수가 될 수 없다는 말인가? 당장 직장을 그만두고 미국 유학을 가서 공부를 할 수도 없는 일이고⋯⋯ 그럼 난 어쩌지? 난 그럼 앞으로 뭘 해야 하는 거지?'

풀이 죽어 있었는데, 그 지인이 또 한 마디를 얹었다.

"그리고 박사학위가 그렇게 만만한 게 아니야. 하루 24시간 365일 공부만 해도 몇 년 만에 마치게 될지, 아무도 장담 못하는 게 박사 공부야. 넌 회사생활도 병행하면서 해야 할 텐데, 그게 가능하겠어? 널 받아주는 곳도 없을 것이고, 받아준다 해도 네가 못 버텨. 석사 과정과는 차원이 달라. 그런 불확실한 일에 돈과 시간을 투자하라고 말하기가 나로선 쉽지 않다. 그냥 마음을 접어."

들으면 들을수록 막막한 얘기였다.

난 앞만 보고 달려왔다. 직장생활도 공부도 모두 목표가 있었다. 그리고 한 단계, 한 단계 성취할 때마다 희열을 느꼈다. 승무원으로서 첫 서비스 마케팅 박사학위를 딴다면 당연히 다음 목표는 교수였다. 실무 경력이 많은 교수가 교육현장에 꼭 필요하다고 믿고 있었고, 그 자리에 내가 서 있고 싶었다. 그런데 어렵게 박사학위를 따봤자 교수가 될 수 없다고 하니 몹시 비참해졌다.

"네⋯⋯ 잘 알겠어요. 제가 이쪽 방면에 대해서는 잘 몰라서 너무 어설프게 생각한 것 같네요."

그때까지만 해도 막연히 꿈만 있었지 그 외에 어떤 정보도 가지고 있지 않았을 때라 나는 그의 말이 현실적이라고 판단했다. 그 이후 나는 교수라는 꿈을 접고 회사생활에만 열중하며 살았다. 그런데 시간이 1년이 지나고 2년, 3년이 지나도 공부에 대한 미련이 계속 남았다. 마치 숙제를 다 끝내지 않고 놀이터에서 놀고 있는 어린애 같았다.

'그래, 이렇게 평생을 찝찝해 하면서 살 수는 없어. 되든 말든 일단은 저지르자. 교수가 안 되더라도 그게 무슨 대수야. 서비스 마케팅을 연구한 현직 승무원 박사는 없으니 적어도 내가 1호 서비스 박사 승무원이 되겠지. 그럼 나는 실무와 이론을 겸비한 전문가라고 자부할 수 있을 거야. 그래, 그거면 된 거야.'

이렇게 생각을 바꾸고 나니 마음도 한결 가벼워지고, 당장 학교로 달려가고 싶은 마음뿐이었다. 물론 박사 과정은 그 지인의 말처럼 지옥이 따로 없었다. 공부에 반쯤 미치지 않고서는 직장생활을 병행하며 박사 과정을 마친다는 것은 불가능했다. 아직 40년도 살지 못했지만 지금껏 그때보다 힘들었던 때가 없었다.

그러나 내가 그때라도 박사 공부를 시작했음을 다행이라고 생각한다. 아직도 미적거리고 있었다면 교수 임용 공고가 나와도 원서도 못 내봤을 것 아닌가? 그랬다면 지금의 나의 자리도 없었을 것이다. 공부란 바로 지금 시작해야 하는 것이다. 때가 없다. 마음먹은 그때가 가장 완벽한 타이밍이다.

아무튼 나는 그 당시 지인에게 어설픈 상담을 받은 것을 후회한다. 그 이후 나는 타인이 내게 상담을 원할 때 절대 부정적인 발언은 하지 않는다. 시간은 앞으로 열려 있다. 신이 아니고서야 시간을 되돌릴 수 없다. 열려 있는 시간 앞에 인간의 가능성은 무한하다. 그 사람이 앞으로 어떻게 될 줄 알고 함부로 그 사람의 미래를 어둡다고 말하겠는가. 그건 절대 상대방을 위한 일이 아니다.

충고를 할 때 우리가 견지해야 하는 자세는 따뜻함이다. 상담을 바라는 당사자에게 그 사람의 진정한 의중을 끌어낼 수 있는 질문을 던져 본인의 진심을 본인이 다시 확인하도록 도와주자. 선택은 어차피 당사자의 몫이다. 그리고 그렇게 선택을 본인이 할 수 있도록 유도하는 것이 상담가의 역할이라고 본다.

부정적인 얘기보다는, 안 된다는 얘기보다는 힘을 실어주는 말을 하자.

그 당시 그 지인이 나에게 이렇게 얘기해 주었으면 어땠을까?

"모란아, 너 정말 훌륭한 꿈을 가지고 있구나? 정말 훌륭한 생각을 했네. 네 꿈이 그렇다면, 그 꿈을 실현하기 위해 박사학위가 필요한 거라면 당연히 시작해야지. 물론 공부하는 데 많이 힘들 거야. 그래도 꿈이 실현되는 그날을 그리면서 참고 이겨내야지. 힘내! 나도 응원할 게. 파이팅!"

: 매력이 영그는 시간

강의를 마치고 짬을 내어 교정을 산책할 때가 있다. 아직 한창인 젊은이들의 모습을 보고 있노라면 그들의 생기가 나에게도 전해지기 때문이다. 자신의 일에 몰두하는 학생들을 보면 '청춘'이라는 두 글자가 '무한한 가능성'이라는 단어와 매우 가까워 보인다. 이룬 것보다는 이뤄야 할 것들이 많기에 말이다. 하지만 교정을 거닐거나 이야기를 나누는 학생들의 얼굴이 항상 밝지는 않다. 그들도 나름의 고민과 고뇌가 있기에 자신에게 주어진 기회보다 안 좋은 상황과 주어진 환경을 더 신경 쓰는 순간이 있을 것이다.

인생에 정답은 없고, 자신의 운명은 스스로 선택하고 개척해 나가야 하기에 그들에게 모범 답안을 제시하기는 어렵다. 나 역시 음대 입시를 준비하다가 열악해진 집안 환경 때문에 전문대 항공경영과를 다니게 되면서 방황했던 경험이 있다.

승무원으로 입사해서도 일의 의미와 기쁨을 알지 못한 채 방황하는 시기를 거쳐야 했다. 만약 방황의 시간이 더 길어졌더라면 지금과 같이 나의 이야기를 누군가에게 전하지도 못했을 것이고, 나의 매력이 무엇인지도 모르는 채 하루를 위한 하루를 사는 사람이 되어 있을 것이다.

어제의 방황을 추억할 수 있는, 내일을 준비하고 있는 오늘에 감사한다. 그래서 어제에 붙들려 있거나 내일을 걱정하며 오늘을 방황하는 모든 사람들에게 꼭 들려주고 싶은 이야기가 있다.

원예치료 연구소를 운영하는 최영애 선생님께 들은 이야기인데, 식물이 성장하여 꽃을 피우거나 열매를 맺기 위한 중요한 조건 중에 적산온도 積算溫度 라는 것이 있다고 한다. 적산온도란, 18세기의 프랑스 물리학자이자 동물학자인 '레오뮈르'가 발견한 법칙으로 생물이 단계적인 성장을 하기 위해서 꼭 필요한 열량을 말한다. 식물을 예로 들자면 싹을 틔우는 발아의 순간부터 꽃을 피우거나 열매를 맺는 순간까지의 누적된 일평균 온도를 말하는데, 토마토나 감자의 적산온도는 1,000℃, 벼는 2,500℃ 정도 된다고 한다. 똑같이 봄에 씨앗을 심어도 감자는 여름 장마 전에 수확을 마치고, 벼는 가을철에 추수하는 이유가 이 적산온도를 채우기 위한 시간이 다르기 때문이라고 한다.

이 이야기를 처음 들었을 때에는 농부들이 적산온도와 같은 조건까지 염두에 두고 과학적으로 농사를 짓는다는 사실에 감탄했다. 하지만 내가 직접 교수가 되어 학생들을 지도하는 입장이 되자 새로운 의미로 다가왔다. 단기적으로 남에게 자랑할 만한 성과를 내는 것보다 자신만의 의미 있는 결실을 맺기 위해 오늘을 살아나가야 한다는 깨달음이다.

당장은 시험 성적이 좋고 좋은 회사에 가고 돈 잘 벌고 인기 있는 사람이 삶의 결실을 맺은 것으로 보일 수 있지만, 정작 중요한 것은 삶에서 반드시 꽃 피워야 할 자신만의 결실이다.

승무원을 하지 않았다면 내가 내 매력을 찾을 수 있었을까?
내 일을 찾고, 내 매력을 발견하고 가꿨던 시간들이
지금의 나를 만든 자양분이 되었다.

밤하늘을 화려하게 수놓으며 사라지는 유성이 되고 싶은가? 아니면 길을 찾는 자들의 이정표가 되는 북극성이 되고 싶은가? 만약 스스로 빛나는 별이 되고 싶다면 그 빛을 가꾸는 시간이 꼭 필요한 것이다.

모든 생명마다 피워야 할 꽃과 맺어야 할 열매가 다르기에, 쌓아야 할 적산온도가 다르고 수확의 기쁨을 누리는 시기도 다 다르다. 누군가는 빛이 나는 시기가 빨리 올 수도 있고, 또 다른 누군가에게는 늦게 올 수도 있다. 그리고 자신이 어렵게 찾은 빛을 쉽게 잃어버리는 사람도 있고, 길고 오래 끝까지 가져가는 사람도 있다.

어떤 사람이 될지는 자신이 쌓아온 시간에 달려 있다는 이야기를 꼭 해주고 싶다. 그리고 지금 당장 자신의 빛을 발견하지 못했다고 해서 그 사람이 자신만의 빛을 갖고 있지 않은 사람이 아니라는 말도 하고 싶다. 대기만성大器晩成이라는 말이 괜히 있는 것이 아니다.

꼭 찾아야 할 '나만의 빛', 나는 그것을 '매력'이라고 생각한다. 매력이야말로 다른 사람은 갖고 있지 않은 나의 가장 빛나는 모습이자, 충실히 적산온도를 쌓아서 내 생애에 꼭 맺어야 할 결실이다. 그래서 매력의 근본은 진심이 된다. 유명인의 이미지를 따라하거나 성공한 사람들의 뒷모습을 쫓는 사람은 흉내 내기에 열중하다가 자신의 진심을 보지 못하게 되는 경우가 있다. 우선 인정받고 나의 매력은 나중에 찾자고 생각해 버린다면 자신의 매력을 꽃피우기 위해 쌓아야 할 적산온도를 채우지 못하게 되고, 결국 사회적 지위나 명예를 얻더라도 자신의 매력은 찾지 못한 사람이 된다. 뿌리가 약한 나무는 비바람에 흔들리기 마련이다.

내가 발견하고 가꿔서 맺은 결실, 세상에 통하는 하나뿐인 나의 진심이 바로 매력이라는 사실을 기억하자.

〈김모란의 DREAM NOTE〉 NO.4
"꿈을 꽃 피워라"

나의 꿈을 실현하는 그날은 예고 없이 들이닥치기도 한다. 난 내가 이루고자 했던 일이 내가 계획한 날에 정확하게 맞아떨어진 적이 없었다. 그렇게 치밀하게 계획을 해 왔지만, 기회라는 것이 내가 예견한 날 정확하게 오지 않았다. 난 단지 나의 꿈이 성취되는 날을 그리며 열심히 노력을 했을 뿐, 그 기회는 내가 예상하지 않았을 때 찾아왔다. 때로는 그 기회가 내가 생각한 것보다 상당히 느리게 온 적도 있었다. 물론 좌절될 때마다 내 상심도 컸다. 그러나 한편으로는 이런 생각이 들었다.
'좌절하지 말자. 다음 기회에 더 잘되면 된다!'
지금 나에게 주어지지 않는다는 것은 그만한 이유가 있을 것이라 믿으며, 나중에 더 좋은 기회가 올 거라는 확신을 가지고 기다렸다. 그런데 그 예상은 모두 적중했다. 처음에 왔던 기회보다 더 큰 기회들이 나에게 주어졌다. 오히려 처음에 왔던 기회를 잡았더라면 후회했을 만큼 말이다.
그렇기에 우리는 매 순간 순간에 충실해야 한다. 그 기회는 언제 어디서 어떻게 다가올지 모르기 때문이다. 그리고 기회가 온다면 망설이지 말고 도전해야 한다. 아직 준비가 덜 되었다고 우물쭈물 망설이다가는 기회가 남의 손에 넘어갈지도 모른다. 그 기회가 내 것인지 남의 것인지 도전해 보기 전에는 아무도 모를 일이다.
그리고 그 기회를 잡아 드디어 꿈을 실현했다면, 이제 "무엇이 되느냐!"는 해결되었으니, "어떻게 사느냐!"에 중점을 두고 살아보자. 어떻게 살면서 이젠 내가 또 그것을 발판으로 무엇을 할지 다시 고민해 보는 것이다. 그렇게 내 인생의 큰 밑그림이 있는 상태에서 나의 계획들이 세워지고, 이루고, 수정하고, 또 이루고, 세워지고, 좌절되지만 다시 일어나고, 또 이루고, 수정해 나가는 것. 이 과정의 반복이 바로 삶이다.

나무를 심으면 해마다 잎사귀가 나고 꽃이 피고 지듯이, 어쩌면 우리 인생도 꽃이 피고 지는 과정의 연속일지 모른다. 그러나 한 가지, 우리가 기억할 것은 꽃이 한 번 피고 진다하여도 그 나무 전체가 죽지 않는다는 것이다. 우리가 튼튼한 뿌리를 가지고 있는 나무라면 절대 쉽게 죽지 않을 것이다. 튼튼한 뿌리가 있는 나무가 되자. 매일매일의 나의 노력들이 내 인생이라는 나무의 뿌리가 되어주는 것이다. 웬만한 비바람에 쓰러지지 않는 내공이 강한 나무가 되자. 때가 되면 잎사귀가 나오고 꽃이 필 것이다.

● 에필로그 ●

삶을 채우는 것은

사는 건, 살아낸다는 건 역시 피곤합니다. 장장 책 한 권에 걸쳐 사람으로서 어떤 매력을 뿜어야 하는지 읊조린 사람이 갑자기 뭔 소리인가 하겠지만 사는 건 역시 힘든 일입니다.

어린 시절, 나는 나만 그런 줄 알았습니다. 나에게만 불행이 닥치고 원치 않은 삶을 살아가고 있다고 생각했습니다. 하지만 대다수의 사람들이 저마다의 고통과 책임을 짊어지고 살아간다는 것을 알게 되었습니다. 그러나 모두 불행한 것은 아니었습니다. 삶을 어떻게 살아가느냐, 삶을 무엇으로 채우느냐에 따라 삶은 천차만별이었습니다.

행복한 사람이 되고 싶었습니다. 희망의 향기가 나는 사람이 되고 싶었습니다. 그래서 행복한 삶을 살아가는 이들의 습관을 따라하고 향기로운 사람들의 냄새를 깊게 빨아들였습니다. 그리고 더, 조금 더 노력했습니다. 노력에는 정말 끝이 없습니다. 노력 끝에 온다는 결말도 없습니다. 하나를 완성하면 그 다음 숙제가 방문을 빼꼼 열고 얼굴을 내밀고 있지요.

하지만 하나씩 성취해 나갈 때마다 웃을 수 있었고 진정 행복을 느꼈습니다. 살아내지 않고 살기 위해 열심히 노력하며 즐겼습니다. 앞으로도 그렇게 살고자 합니다. 그렇게 늙어가고 싶습니다.

'이 세상에서 가장 쉬운 것은 늙어가는 것이고
가장 어려운 것은 '아름답게 늙어가는 것'이다.'
-앙드레 지드의《좁은 문》-

영화배우들 중에는 나이가 들수록 연기뿐 아니라 외모도 더 매력적으로 변하는 사람들이 종종 있습니다. 나는 이런 배우들을 볼 때마다 위안을 받습니다. 꽃미남인 젊은 배우의 매력보다 나이든 배우의 중후함과 진정성이라는 매력에 더욱 끌리기 때문입니다. 비단 배우뿐 아니라 사회에서 나는 그런 이들을 만날 때마다 '늙었다'라기보다는 '속이 알차게 잘 익었다'라는 인상을 받으며 희망을 갖는 거지요.

'잘 익은 늙은 사람'이 되기 위해서 아직 갈 길이 멉니다. 스스로 승무원으로서의 삶이 알찼다고 생각합니다. 승무원으로서 최고의 매력을 가진 이가 되기 위해 쉬지 않고 달렸습니다. 하지만 교수로서의 삶은 이제 시작입니다. 나를 선택해 준 이들을 실망시키고 싶지 않습니다. 나에게 배움을 찾는 이들을 실망시키고 싶지 않습니다. 승무원이 아닌 교수로서 가져야 하는 매력은 또 다른 것이겠지요. 그 매력을 찾는 과정에서 나는 다시 성장할 겁니다.

그런 믿음으로 이 글을 쓰기 시작했습니다. 아직 사십 해도 살아오지 않은 나이지만 이 짧은 기록이 승무원에 뜻을 두었거나 그밖에 서비스업에 종사하고 싶어 하는 젊은 친구들, 그리고 꿈을 찾아 방황하는 젊은 친구들에게 조금이라도 도움이 되었으면 합니다.

사랑하는 나의 첫 제자들과 함께……
이들이 자신의 매력을 찾고, 웅대한 비상을 위해 날개를 펼치도록
나는 이들을 포기하지 않고 이끌것이다.
또한, 끊임없이 응원할 것이다.

매력

1판 1쇄 발행 2013년 9월 6일
1판 5쇄 발행 2014년 12월 10일

지은이 김모란

발행인 양원석
편집장 김순미
책임편집 송병규
해외저작권 황지현, 지소연
제작 문태일, 김수진
영업마케팅 김경만, 정재만, 곽희은, 임충진, 이영인, 장현기, 김민수,
　　　　　　임우열, 윤기봉, 송기현, 우지연, 정미진, 이선미, 최경민

펴낸 곳 ㈜알에이치코리아
주소 서울시 금천구 가산디지털2로 53, 20층 (가산동, 한라시그마밸리)
편집문의 02-6443-8857　**구입문의** 02-6443-8838
홈페이지 http://rhk.co.kr
등록 2004년 1월 15일 제2-3726호

ISBN 978-89-255-5106-7 (03810)

※ 이 책은 ㈜알에이치코리아가 저작권자와의 계약에 따라 발행한 것이므로
　본사의 서면 허락 없이는 어떠한 형태나 수단으로도 이 책의 내용을 이용하지 못합니다.
※ 잘못된 책은 구입하신 서점에서 바꾸어 드립니다.
※ 책값은 뒤표지에 있습니다.

RHK 는 랜덤하우스코리아의 새 이름입니다.